电商直播话术实践

主　编◎葛杭英
副主编◎王丽媛　王丽丝　周鲁央

电子工业出版社
Publishing House of Electronics Industry
北京·BEIJING

内 容 简 介

本书结合《关于深化现代职业教育体系建设改革的意见》等相关文件要求，将职业教育与服务学生全面发展、服务经济社会发展紧密结合在一起。针对职业院校的教育特点及学生培养目标，本书以实践为导向，根据电商直播开展的具体流程及直播活动的普遍形式，将直播环节及直播内容进行梳理、拆分和整合，形成了 6 个实践项目，分别为电商直播话术规范、直播开场、产品直播推介、直播互动、直播答疑和下播。本书内容丰富、形式新颖、实践性强，引入具体项目情景，以任务实践的形式，详细讲解了电商直播活动中各个环节实施的关键步骤和相关话术设计的方法技巧，帮助学生快速掌握电商直播的实践技能。同时，本书还对接相关职业技能证书的要求，落实党的二十大精神及职业教育相关文件意见，注重对学生专业技能操作和职业精神的培养，进一步促进学生的全面发展。

本书既可作为职业院校所开设的电子商务专业、市场营销专业、数字媒体技术应用专业及相关专业的教材，又可作为从事电商直播实践工作及相关从业人员的参考用书，亦可作为相关培训班的教学用书。

未经许可，不得以任何方式复制或抄袭本书之部分或全部内容。

版权所有，侵权必究。

图书在版编目（CIP）数据

电商直播话术实践 / 葛杭英主编. -- 北京 : 电子工业出版社, 2024.6. -- ISBN 978-7-121-48078-2

Ⅰ. F713.365.2

中国国家版本馆 CIP 数据核字第 2024WY9287 号

责任编辑：罗美娜
印　　刷：北京捷迅佳彩印刷有限公司
装　　订：北京捷迅佳彩印刷有限公司
出版发行：电子工业出版社
　　　　　北京市海淀区万寿路 173 信箱　　邮编：100036
开　　本：880×1 230　1/16　印张：12.25　字数：259 千字
版　　次：2024 年 6 月第 1 版
印　　次：2024 年 6 月第 1 次印刷
定　　价：45.00 元

凡所购买电子工业出版社图书有缺损问题，请向购买书店调换。若书店售缺，请与本社发行部联系，联系及邮购电话：（010）88254888，88258888。

质量投诉请发邮件至 zlts@phei.com.cn，盗版侵权举报请发邮件至 dbqq@phei.com.cn。

本书咨询联系方式：（010）88254617，luomn@phei.com.cn。

前言

近年来，直播带货作为一种新兴的数字营销模式，在互联网信息技术革新的推动下，迅速发展成为电商行业新的增长点。相关数据显示，2021年，我国数字经济规模达到45.5万亿元，占GDP的39.8%，是世界第二大数字经济体。党的二十大报告提出，加快发展数字经济，促进数字经济和实体经济深度融合，打造具有国际竞争力的数字产业集群。随着数字技能的广泛应用及数字经济的快速发展，人们对数字技能教育和培训的需求也不断增长，培养高水平的数字化人才成为当务之急。党的二十大报告提出，统筹职业教育、高等教育、继续教育协同创新，推进职普融通、产教融合、科教融汇，优化职业教育类型定位。职业教育对我国建设教育强国、科技强国、人才强国，推动经济高质量发展，保障和改善民生，具有十分重要的意义。增强职业教育的适应性，培养更多高素质技术技能人才，可以为促进我国经济社会发展和提高国家竞争力提供有力支撑。

相较于传统营销模式，电商直播具有互动性强、社交面广、内容生动有趣等多方面的优势，能够带给用户更好的购物体验，现已成为一种深受广大用户喜爱的新型购物方式。相关数据显示，2022年，我国电商直播行业企业规模达1.87万家，同比增长17.61%；电商直播渗透率达25.3%，增长率为40.79%；交易规模达35 000亿元，同比增长48.21%；用户规模达4.73亿人，同比增长10%。电商直播行业呈现快速发展态势。多地政府关注到电商直播这一经济增长新亮点之后，不仅相继出台电商直播人才培养、引进的相关扶持政策，还加大了对电商直播行业的监管力度，引导电商直播市场健康规范化发展。电商直播行业的蓬勃发展使相关人才的需求得到了极大增长，同时也对专业人才培养和准入提出了更高的要求。

本书以党的二十大精神要义及职业院校专业人才培养要求为核心，从电商直播实践入手进行编写，内容丰富、形式新颖、实践性强。本书对电商直播各个环节需要掌握的话术设计的方法技巧及实践技能进行了梳理整合，将其划分为电商直播话术规范、直播开场、产品直播推介、直播互动、直播答疑和下播6个实践项目。本书具有以下特色。

1. 融入思政，立德树人

本书设置了"职业视窗"栏目，使学生在学习过程中能明确了解电商直播工作中需要遵循的相关法律法规、平台规则及职业素养的要求，引导学生树立正确的价值道德观念。同时，本书将知识内容与学生应具备的职业素养及社会主义建设需求进行了巧妙融合，潜移默化地提升了学生的思想觉悟意识和综合能力素养。

2. 内容详尽，形式新颖

本书以完整的电商直播岗位工作过程为线索，结合学生完成实践任务所需要的专业知识技能，对课程的内容体系进行了梳理；构建了企业真实的工作任务情境，并制定了与之相对应的任务目标，让学生在真实情境中学习相关技能知识，建立系统化的电商直播思维；设置了"任务拓展"和"知识拓展"栏目，拓展了学生的知识面，加强了学生对所学知识和技能的掌握；关注学生的学习过程，结合学生完成相应工作任务的表现设置了多维度评价指标，全面考核学生的综合能力素养。

本书由葛杭英主编，王丽媛、王丽丝、周鲁央担任副主编，参编的老师还有黄威武、陶婧、徐旭涵。本书在编写过程中参考了一些与电商直播有关的书籍和网站的资料，也得到了很多企业、院校专业人士的大力支持和帮助，特别是浙江省特级教师、正高级教师、杭州市西湖职业高级中学应旭萍老师的指导与帮助，在此表示感谢。

本书在编写过程中力求准确、贴合行业发展，但难免存在疏漏和不足之处，敬请广大读者批评指正，以便在今后的修订中进一步完善。

编　者

目 录

实践项目一　电商直播话术规范 1

实践任务一　电商直播相关法律法规 2
　一、搜集电商直播相关法律法规 2
　二、整理和归类电商直播相关法律法规 3

实践任务二　各大电商直播平台规范 7
　一、查询和整理淘宝平台的直播要求及相关规则 7
　二、查询和整理抖音平台的直播要求及相关规则 8
　三、查询和整理快手平台的直播要求及相关规则 9

实践任务三　直播话术敏感词过滤 15
　一、认识直播话术敏感词过滤的常用工具 15
　二、使用直播话术敏感词过滤工具审核直播话术内容 16
　项目检测一 22
　项目检测二 24

实践项目二　直播开场 26

实践任务一　开场欢迎 27
　一、直播欢迎用户 27
　二、引入直播内容 28
　三、开场欢迎直播 29

实践任务二　开播暖场 34
　一、营造热烈氛围 34
　二、创设话题暖场 35

三、开播暖场直播 36
　　项目检测一 40
　　项目检测二 41

实践项目三　产品直播推介 44

实践任务一　产品介绍 45
　　一、产品引入 47
　　二、产品卖点介绍 50
　　三、产品价值介绍 54
　　四、产品介绍直播 56

实践任务二　产品活动介绍 60
　　一、产品活动引入 60
　　二、产品活动具体介绍 61
　　三、产品活动介绍直播 62

实践任务三　产品促单 66
　　一、营造紧迫氛围 66
　　二、促成订单 67
　　三、产品促单直播 68
　　项目检测一 72
　　项目检测二 74

实践项目四　直播互动 76

实践任务一　直播引导 77
　　一、欢迎用户进入直播间 78
　　二、引导用户关注直播间 79
　　三、直播引导直播 80

实践任务二　直播活动 84
　　一、介绍直播活动的形式 84
　　二、介绍直播活动的参与方式 85
　　三、直播活动直播 86

实践任务三　福利活动 90

一、介绍福利活动的形式 90
　　二、介绍福利活动的参与方式 91
　　三、福利活动直播 92

实践任务四　突发状况处理 96
　　一、稳定用户情绪 96
　　二、发现并处理问题 97
　　三、突发状况处理直播 98
　　项目检测一 102
　　项目检测二 104
　　项目检测三 106

实践项目五　直播答疑 108

实践任务一　产品问题答疑 109
　　一、产品问题的筛选与分析 113
　　二、产品问题解答 114
　　三、产品问题答疑直播 117

实践任务二　物流问题答疑 120
　　一、物流问题的筛选与分析 120
　　二、物流问题解答 122
　　三、物流问题答疑直播 123

实践任务三　退换货问题答疑 127
　　一、退换货问题的筛选与分析 127
　　二、退换货问题解答 129
　　三、退换货问题答疑直播 131

实践任务四　其他问题答疑 134
　　一、其他问题的筛选与分析 134
　　二、其他问题解答 135
　　三、其他问题答疑直播 137
　　项目检测一 141
　　项目检测二 142

实践项目六　下播 145

实践任务一　直播追单 146
- 一、直播产品过款 151
- 二、营造紧迫感 152
- 三、督促用户付款 154
- 四、直播追单直播 156

实践任务二　直播预告 160
- 一、直播时间预告 163
- 二、直播产品预告 164
- 三、直播福利预告 165
- 四、直播预告直播 166

实践任务三　直播告别 174
- 一、表达感谢 174
- 二、引导关注 175
- 三、礼貌告别 177
- 四、直播告别直播 178
- 项目检测一 182
- 项目检测二 184

实践项目一

电商直播话术规范

项目情景

在直播开始前,主播需要提前了解和学习电商直播话术规范,从而规范职业行为。为了营造出一个更加规范、健康、积极向上的电商直播环境,企业应安排所有主播提前系统地了解电商直播相关法律法规,学习各大电商直播平台规范,明确直播话术敏感词过滤的工具及方法。主播只有熟悉了以上内容,才能够在后期直播过程中遵守各大电商直播平台规范,严格规范自身的言行举止,树立良好的主播形象,提升用户对企业的好感度,从而吸引更多用户下单。

某零食公司在6月1日将进行一场"零食狂欢节"直播促销活动,安排林畅作为此次活动的主播。为了让林畅能够规范自身的直播话术,在直播前一个月,公司要求林畅自主学习电商直播相关法律法规、各大电商直播平台规范及直播话术敏感词过滤的工具及方法。

项目实践导图

- 实践项目一 电商直播话术规范
  - 实践任务一 电商直播相关法律法规
    - 一、搜集电商直播相关法律法规
    - 二、整理和归类电商直播相关法律法规
  - 实践任务二 各大电商直播平台规范
    - 一、查询和整理淘宝平台的直播要求及相关规则
    - 二、查询和整理抖音平台的直播要求及相关规则
    - 三、查询和整理快手平台的直播要求及相关规则
  - 实践任务三 直播话术敏感词过滤
    - 一、认识直播话术敏感词过滤的常用工具
    - 二、使用直播话术敏感词过滤工具审核直播话术内容

实践任务一　电商直播相关法律法规

📖 任务描述

"零食狂欢节"直播促销活动前一个月,为了规范自身的直播话术,向用户展现出良好的主播形象,林畅需要提前上网搜集电商直播相关法律法规,了解一下相关法律法规的名称,然后对内容进行详细学习和梳理。

📚 任务目标

1. 根据电商直播相关法律法规的搜集方法,能够搜集到电商直播相关法律法规的网址、书籍、文献等。

2. 根据电商直播相关法律法规的整理和归类方法,能够梳理并总结出电商直播相关法律法规的主要内容。

🔵 任务实践

一、搜集电商直播相关法律法规

在了解电商直播相关法律法规的内容之前,需要对其进行搜集。通常,搜集电商直播相关法律法规可以使用搜索引擎关键词搜索、在政府官网搜索、阅读书籍和文献等方法。请根据电商直播相关法律法规的关键词,任选一种方法,帮助林畅搜集出4~6个电商直播相关法律法规的名称,并将其填写在下方。

_____
_____
_____
_____
_____
_____

> 实践小贴士

电商直播相关法律法规的搜集方法

1. 搜索引擎关键词搜索

搜索引擎关键词搜索是获取信息最重要的方法之一,用搜索引擎查找信息需要使用恰当的关键词和一些搜索技巧。搜索电商直播相关法律法规时,如果在百度搜索"电商直播",则结果非常多,无法进行筛选。这时我们可以对关键词进行界定,如"电商直播相关法律法规""电商直播从业人员行为规范"等,并结合搜索结果,对关键词进行调整,直到查到满意的搜索结果。目前,主要的搜索引擎包括以下几个。

(1)百度。

(2)Google。

(3)搜网。

2. 在政府官网搜索

政府官网是国内各大公共组织和机构公开数据的来源,我们查询权威的数据或文件可以到政府相关部门官网。国内主要发布电商直播相关法律法规的政府部门有以下几个。

(1)国家互联网信息办公室。

(2)国家市场监督管理总局。

(3)中华人民共和国商务部。

3. 阅读书籍和文献

阅读电商直播相关法律法规的书籍和文献,从中筛选、获取所需的信息,并将其记录下来。这种方法是最常用的也是最实用的,可以不受网络等其他条件的限制。另外,也可以通过以下网站阅读电商直播相关法律法规的书籍。

(1)中国知网。

(2)维普网。

二、整理和归类电商直播相关法律法规

搜集好电商直播相关法律法规的名称后,需要对其进行整理和归类。整理和归类电商直播相关法律法规,能够使我们更深一步地了解每部法律法规所蕴含的深刻意义,更加清楚电

商直播法律法规的类型。通常可以通过表格的形式整理和归类电商直播相关法律法规，请帮助林畅将搜集到的电商直播相关法律法规进行整理和归类，完成表 1-1。

表 1-1　电商直播相关法律法规整理和归类

电商直播法律法规的类型	法律法规名称
电商直播话术类	
主播行为规范类	
直播间商品规范类	

实践小贴士

信息整理和归类的方法

信息整理和归类的方法包括绘制思维导图、制作表格、用便签记录、扫描文字、用线上笔记软件记录等。

1. 绘制思维导图

思维导图是一种图像式思维工具，是围绕一个核心关键词或想法以辐射线连接所有的代表字词、想法、任务和其他关联项目的图解方式。思维导图的优点是可以将清事物关系，分层级梳理任务流程，把零碎的信息整合起来。

2. 制作表格

使用表格整理信息能够使复杂的信息清晰化，便于浏览和获取主要信息。也可以使用表格对信息进行分类。

3. 用便签记录

在整理和归类信息的过程中，可以用便签记录产生的想法或看到的一些零碎的信息。

4. 扫描文字

在纸质读物上发现好的文章素材时，可以借助文件扫描工具，将图片中的文字转换为文本文字，省时省力。

5. 用线上笔记软件记录

线上笔记软件可以将浏览到的文章素材一键收藏、保存，方便随时查看、编辑、使用、传输等。

任务拓展

请结合上述步骤，将搜集到的电商直播相关法律法规进行整理后，帮助林畅绘制思维导图，通过思维导图对法律法规进行归类。

知识拓展

电商直播相关法律法规索引

1. 法律

《中华人民共和国民法典》《中华人民共和国电子商务法》《中华人民共和国行政许可法》《中华人民共和国反不正当竞争法》《中华人民共和国广告法》《中华人民共和国消费者权益保护法》《中华人民共和国食品安全法》《中华人民共和国产品质量法》《中华人民共和国商标法》《中华人民共和国专利法》《中华人民共和国价格法》。

2. 部门规章

《国家广播电视总局关于加强网络秀场直播和电商直播管理的通知》（广电发〔2020〕78号）、《市场监管总局关于加强网络直播营销活动监管的指导意见》（国市监广〔2020〕175号）、《关于加强网络直播规范管理工作的指导意见》（国信办发文〔2021〕3号）、《直播电子商务平台管理与服务规范》、《"十四五"电子商务发展规划》（商电发〔2021〕191号）、《关于规范网络直播打赏加强未成年人保护的意见》、《网络主播行为规范》。

3. 其他自律性规范

《网络直播营销行为规范》《视频直播购物运营和服务基本规范》《网络购物诚信服务体系评价指南》《网络直播和短视频营销平台自律公约》。

任务评价

根据表1-2的实践内容，学生进行实践自评，教师根据学生的实践情况进行评价。

表1-2 电商直播相关法律法规评价表

实践	实践内容	实践自评	教师评价
能用适当的方法搜集到电商直播相关法律法规	能用搜索引擎关键词搜索电商直播相关法律法规	□能够掌握 □有点掌握 □完全不会	□优秀 □良好 □一般 □有待改进
	能在政府官网搜索电商直播相关法律法规	□能够掌握 □有点掌握 □完全不会	
	能阅读书籍和文献搜索电商直播相关法律法规	□能够掌握 □有点掌握 □完全不会	
能对电商直播相关法律法规进行整理和归类	能绘制思维导图,对电商直播相关法律法规进行整理和归类	□能够掌握 □有点掌握 □完全不会	□优秀 □良好 □一般 □有待改进
	能制作表格,对电商直播相关法律法规进行整理和归类	□能够掌握 □有点掌握 □完全不会	
	能用便签记录,对电商直播相关法律法规进行整理和归类	□能够掌握 □有点掌握 □完全不会	
	能用文件扫描工具将图片中的文字转换为文本文字,对电商直播相关法律法规进行整理和归类	□能够掌握 □有点掌握 □完全不会	
	能用线上笔记软件记录,对电商直播相关法律法规进行整理和归类	□能够掌握 □有点掌握 □完全不会	

实践任务二　各大电商直播平台规范

📝 任务描述

了解了电商直播相关法律法规后,需要继续了解当下各大电商直播平台的规范。不同平台对直播的要求不同,主播必须严格遵守各大电商直播平台的规范。目前,主流的电商直播平台分别是淘宝、抖音及快手,林畅决定从这三个电商直播平台入手,了解每个平台的具体规范。

📚 任务目标

1. 根据淘宝平台的操作办法,能够查询到淘宝平台的直播要求及相关规则。
2. 根据抖音平台的操作办法,能够查询到抖音平台的直播要求及相关规则。
3. 根据快手平台的操作办法,能够查询到快手平台的直播要求及相关规则。

🖱 任务实践

一、查询和整理淘宝平台的直播要求及相关规则

淘宝平台对于商家有严格的直播要求及规则,所有商家都必须严格遵守。提前查询并了解淘宝平台的直播要求及相关规则,能够帮助主播规范直播行为,顺利地在淘宝平台上实施直播活动。主播可以在淘宝官方平台上对淘宝平台的直播要求及相关规则进行了解。

请帮助林畅查询并阅读淘宝平台的直播要求及相关规则,整理出关于规范直播商品的规则,并填写在表 1-3 中。

表 1-3　淘宝平台关于规范直播商品的规则

关于规范直播商品的规则

实践小贴士

淘宝直播课堂

主播可以在淘宝官方平台首页的左上角找到"淘宝直播课堂"并单击进入,在"淘宝直播课堂"页面中选择"规则专区"选项,对淘宝平台的直播要求及相关规则进行了解,如图1-1所示。

图1-1 "淘宝直播课堂"页面

二、查询和整理抖音平台的直播要求及相关规则

抖音平台对于商家有严格的直播要求及规则,所有商家都必须严格遵守。提前查询并了解抖音平台的直播要求及相关规则,能够帮助主播规范直播行为,顺利地在抖音平台上实施直播活动。

请帮助林畅查询并阅读抖音平台的直播要求及相关规则,整理出关于规范直播营销工具使用的规则,并填写在表1-4中。

表1-4 抖音平台关于规范直播营销工具使用的规则

关于规范直播营销工具使用的规则

> 实践小贴士

抖音电商学习中心

主播可以在百度搜索"抖音电商学习中心",进入网页,选择"规则中心"选项,对抖音平台的直播要求及相关规则进行了解,如图1-2所示。

图1-2 抖音电商学习中心

三、查询和整理快手平台的直播要求及相关规则

快手平台对于商家有严格的直播要求及规则,所有商家都必须严格遵守。提前查询并了解快手平台的直播要求及相关规则,能够帮助主播规范直播行为,顺利地在快手平台上实施直播活动。

请帮助林畅查询并阅读快手平台的直播要求及相关规则,将主播严重违规行为的具体内容填写在下方空白处。

实践小贴士

快手短视频

主播可以通过百度搜索关键词"快手",在搜索结果页中单击"快手短视频 App"链接进入官网首页,在官网首页中单击页面左上角的快手图标,进入快手后台。随后选择该页面最下方的"关于我们"下的"社区规范"选项,如图1-3所示。

进入"社区规范"页面,在"社区规范"页面的左侧导航栏中选择"直播管理规范"选项,对快手平台的直播管理规范进行了解,如图1-4所示。

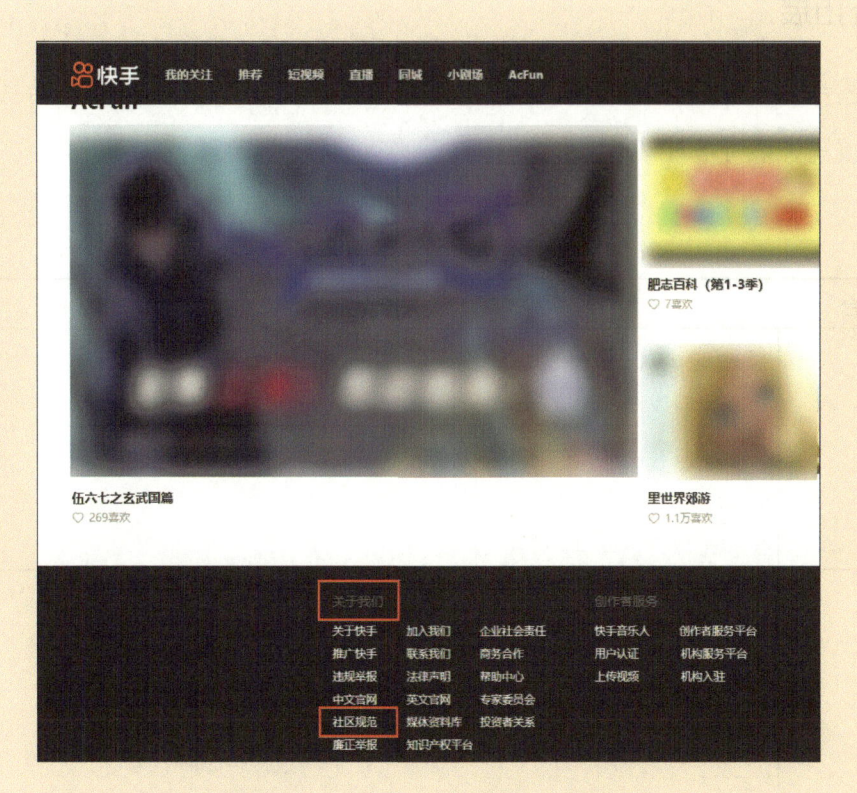

图1-3 选择"社区规范"选项

图1-4 选择"直播管理规范"选项

任务拓展

请结合上述步骤,帮助林畅分别整理出淘宝平台、抖音平台和快手平台关于直播违规行为的规则,并填写在表1-5中。

表1-5 关于直播违规行为的规则

电商直播平台	关于直播违规行为的规则
淘宝平台	
抖音平台	
快手平台	

知识拓展

直播平台规范

1. 禁止未成年人参与直播打赏

直播平台不得研发、上线吸引未成年人打赏的功能应用,不得开发诱导未成年人参与的各类"礼物"。发现直播平台违反上述要求时,从严、从重采取暂停打赏功能、关停直播业务等措施。

2. 严控未成年人从事主播

直播平台应加强对主播账号注册的审核管理,不得为未满16周岁的未成年人提供主播账号注册服务,为16至18周岁的未成年人提供主播账号注册服务时,应当征得其监护人同意。对利用所谓"网红儿童"直播谋利的行为加强日常监管,发现违规账号从严采取处置措施,并追究相关直播平台责任。

3. 优化升级"青少年模式"

"青少年模式"是经过严格内容遴选、适合未成年人观看的有益模式。直播平台应在现有"青少年模式"的基础上，进一步优化产品模式和内容呈现方式，持续增加适合未成年人观看的直播内容供给；严格内容审核把关流程，配备与业务规模相适应的专门审核团队，既选优选精又杜绝"三俗"；优化模式功能配置，在首页显著位置呈现，便于青少年查找和家长监督，严禁提供或变相提供各类"追星"服务及充值打赏功能。

4. 建立专门服务团队

直播平台应建立未成年人专门服务团队，优先受理、及时处理与未成年人相关的投诉和纠纷。对未成年人冒用成年人账号打赏的，直播平台应当在保护隐私的前提下及时核查，属实的须按规定办理退款。对于违规为未成年用户提供打赏功能的直播平台，以及明知用户为未成年人仍诱导其打赏的经纪机构和网络主播，从严采取处置措施。

5. 规范重要功能应用

榜单、"礼物"是吸引青少年围观、互动的重要功能应用。直播平台应取消打赏榜单，禁止以打赏额度为唯一依据对网络主播进行排名、引流、推荐，禁止以打赏额度为标准对用户进行排名；加强对"礼物"名称、外观的规范设计，不得通过夸大展示、渲染特效等方法诱导用户；加强对新技术、新应用的安全评估，不得上线运行以打赏金额作为唯一评判标准的各类功能应用。

6. 加强高峰时段管理

每日20:00-22:00是青少年上网的高峰时段，也是规范网络直播的重要时段。在每日高峰时段，单个账号直播间"连麦PK"次数不得超过2次，直播平台不得设置"PK惩罚"环节，不得为"PK惩罚"提供技术实现方式，避免诱导、误导未成年人。在每日22:00后，直播平台应将"青少年模式"下的各项服务强制下线，并不得提供或变相提供常规模式开启方式，保障青少年充足的休息时间。

任务评价

根据表1-6的实践内容，学生进行实践自评，教师根据学生的实践情况进行评价。

表 1-6 各大电商直播平台规范评价表

实践	实践内容	实践自评	教师评价
能查询并了解淘宝平台的直播要求及相关规则	能在"淘宝直播课堂"的"规则专区"对淘宝平台的直播要求及相关规则进行了解	□能够掌握 □有点掌握 □完全不会	□优秀 □良好 □一般 □有待改进
能查询并了解抖音平台的直播要求及相关规则	能在"抖音电商学习中心"的"规则中心"对抖音平台的直播要求及相关规则进行了解	□能够掌握 □有点掌握 □完全不会	□优秀 □良好 □一般 □有待改进
能查询并了解快手平台的直播要求及相关规则	能在快手短视频的"社区规范"页面对快手平台的直播要求及相关规则进行了解	□能够掌握 □有点掌握 □完全不会	□优秀 □良好 □一般 □有待改进

实践任务三　直播话术敏感词过滤

📋 任务描述

了解了各大电商直播平台的规范后,需要继续了解直播话术敏感词过滤的工具和方法。明确直播话术敏感词,能够帮助主播规避被举报或被封停的风险。因此,林畅必须了解和学习直播话术敏感词过滤的常用工具及其具体操作方法。

📚 任务目标

1. 根据互联网平台,能够查询和了解直播话术敏感词过滤的常用工具。
2. 根据直播话术敏感词过滤工具的使用方法,能够完成具体话术的审核。

🖱 任务实践

一、认识直播话术敏感词过滤的常用工具

在了解直播话术敏感词前,需要认识直播话术敏感词过滤的常用工具。直播话术敏感词过滤工具能够帮助主播很好地筛选出直播违禁词、违规词。目前,直播话术敏感词过滤的常用工具有抖词词、句无忧、句易网、词爪网和IT工具网。请帮助林畅完成表1-7,包括直播话术敏感词过滤的常用工具的适用范围、具体介绍及工具链接。

表1-7　直播话术敏感词过滤的常用工具汇总

工具名称	适用范围	具体介绍	工具链接
抖词词			
句无忧			
句易网			
词爪网			
IT工具网			

> 实践小贴士

直播话术敏感词过滤的常用工具介绍

1. 抖词词

抖词词是抖音违禁词检测工具，为用户提供抖音违禁词、抖音敏感词检测服务，可检测抖音直播话术及抖音短视频文本。

2. 句无忧

基于海量数据，句无忧能提供定制智能词库，高效过滤色情、广告、敏感、暴恐等违规内容及各种禁用词组。

3. 句易网

句易网能为用户提供淘宝、抖音违禁词在线过滤服务，适用于各类行业的自媒体短视频文案及新闻稿检查，词库中包含各类违禁词和极限用语。

4. 词爪网

词爪网是免费的违禁词查询工具。用户注册之后可以便捷地查询文案中是否有违反《中华人民共和国广告法》和平台规定的用词。

5. IT 工具网

IT 工具网能为用户提供各种实用的在线工具，具体包括在线编译器、违禁词检测工具、在线中文文本纠错工具、Markdown 编辑器、在线科学计算器及各种格式化工具等。

二、使用直播话术敏感词过滤工具审核直播话术内容

了解了直播话术敏感词过滤工具后，就可以利用其来审核直播话术内容，过滤出直播话术敏感词。请帮助林畅任意选择上述工具中的一种，然后将下列零食直播话术分别输入到工具中，进行审核，并将审核结果截图放置在下方空白处。

零食直播话术

（1）"宝宝们，今天给大家的真的是全网最低价了。机不可失，时不再来。大家快来下单吧！"

（2）"我们这款面包的热量仅仅是普通面包的1/3，而且是由100%的黑全麦制作的，足足扛饿6小时！今天9.9元3包，只限今天，明天就涨价！"

（3）"这款零食放在家里可以逢凶化吉保平安，转富招福，保佑你万事大吉。"

（4）"我们这款零食可是全网唯一一款拥有食材专利的零食，选择我家零食，绝对让你的小伙伴吃过之后不停地要链接！"

（5）"今天的优惠价格仅此一次！机不可失，时不再来！各位直播间的朋友们请抓住机会啊！快抢啊！"

实践小贴士

直播话术违禁词的查询流程

下面以句易网为例,介绍直播话术违禁词的查询流程。

步骤1:在百度中搜索"句易网",单击官网链接进入。

步骤2:直接在文本框中输入直播话术或将直播话术复制、粘贴至文本框中,如图1-5所示。

图1-5 输入直播话术

步骤3:单击"文字过滤"按钮,违禁词会变色,找到替换即可。以句易网为例,输入直播话术"本款大衣是全网最低价,而且我们含有100%的羊毛,穿上不仅舒服而且非常保暖!",单击"文字过滤"按钮,就能过滤出违禁词"全网最""%",如图1-6所示。

图1-6 句易网直播话术违禁词过滤

任务拓展

结合上述步骤，请使用直播话术敏感词过滤工具，帮助林畅完成西湖龙井茶直播话术敏感词的过滤，并完成表 1-8。

西湖龙井茶直播话术

（1）"朋友们，我们店铺卖了 12 年的西湖龙井茶，茶叶都是偏中高端的，没有烂茶叶，没有垃圾茶叶。我们来抖音直播不是为了赚钱，只是想来抖音清货，不然真的不可能卖这个价格。"

（2）"朋友们，我们直播间的西湖龙井茶的价格是全网最低价，89.9 元到手两盒，大家心动了吗？心动不如行动，数量不多，快快下单吧！"

（3）"朋友们，我们直播间的西湖龙井茶不仅好喝，还具有很高的收藏价值！大家买回去，一年内保证升值！快快下单吧！"

（4）"朋友们，我们直播间的西湖龙井茶不仅色香味俱全，买回去收藏的话还能帮助您和家人转运哦！"

（5）"朋友们，我们直播间的西湖龙井茶选自顶级龙井茶叶，茶香四溢，茶味持久，买回去绝对不会后悔！"

表 1-8　西湖龙井茶直播话术敏感词汇总

敏感词	

知识拓展

《中华人民共和国广告法》禁用词

1. 表示权威性的禁忌词

（1）国家××领导人推荐、国家××机关推荐、国家××机关专供或特供等借国家、国家机关工作人员名称进行宣传的词语。

（2）质量免检、无须国家质量检测、免抽检等宣称质量无须检测的词语。

（3）使用人民币图样（央行批准的除外）。

（4）老字号、中国驰名商标、特供、专供等词语。

2. 包含"首、家、国"及相关词语

首个、首选、全球首发、全国首家、全网首发、首款、首家、独家、全国销量冠军、国家级产品、国家（国家免检）、国家领导人、填补国内空白等词语。

3. 包含"最"及相关词语

最、最佳、最具、最爱、最赚、最优、最先进、最优秀、最好、最大、最大程度、最高、最高级、最高档、最奢侈、最低、最低级、最低价、最底、最便宜、史上最低价、最流行、最受欢迎、最时尚、最符合、最舒适、最先、最先进、最先进科学、最先进加工工艺、最先享受、最后、最后一波、最新、最新科技、最新科学等含义相同或相近的绝对化词语。

4. 包含"一"及相关词语

第一、中国第一、全网第一、销量第一、排名第一、唯一、第一品牌、No.1、TOP1、独一无二、一流、一天、仅此一次（一款）、最后一波、全国×大品牌之一等词语。

5. 包含"级、极"及相关词语

国家级（相关单位颁发的除外）、全球级、宇宙级、世界级、顶级（顶尖/尖端）、顶级工艺、顶级享受、极品、极佳（绝佳/绝对）、终极、极致等词语。

6. 表示品牌地位的相关词语

王牌、领袖品牌、世界领先、遥遥领先、领导者、缔造者、创领品牌、领先上市、至尊、巅峰、领袖、之王、王者、冠军等词语。

7. 表示绝对、极限且无法考证的词语

绝对值、绝对、大牌、精确、超赚、领导品牌、领先上市、巨星、著名、奢侈、世界/全国×大品牌之一、金牌、名牌、优秀、销量冠军、极致、永久、掌门人、绝无仅有、史无前例、万能、100%、国际品质、高档、正品等虚假或无法判断真伪的夸张性表述词语。

任务评价

根据表1-9的实践内容，学生进行实践自评，教师根据学生的实践情况进行评价。

表 1-9　直播话术敏感词过滤评价表

实践	实践内容	实践自评	教师评价
认识直播话术敏感词过滤的常用工具	了解抖词词的适用范围、具体介绍及工具链接	□能够掌握 □有点掌握 □完全不会	□优秀 □良好 □一般 □有待改进
	了解句无忧的适用范围、具体介绍及工具链接	□能够掌握 □有点掌握 □完全不会	
	了解句易网的适用范围、具体介绍及工具链接	□能够掌握 □有点掌握 □完全不会	
	了解词爪网的适用范围、具体介绍及工具链接	□能够掌握 □有点掌握 □完全不会	
	了解IT工具网的适用范围、具体介绍及工具链接	□能够掌握 □有点掌握 □完全不会	
使用直播话术敏感词过滤工具审核直播话术内容	能利用抖词词进行直播话术内容审核	□能够掌握 □有点掌握 □完全不会	□优秀 □良好 □一般 □有待改进
	能利用句无忧进行直播话术内容审核	□能够掌握 □有点掌握 □完全不会	
	能利用句易网进行直播话术内容审核	□能够掌握 □有点掌握 □完全不会	
	能利用词爪网进行直播话术内容审核	□能够掌握 □有点掌握 □完全不会	
	能利用IT工具网进行直播话术内容审核	□能够掌握 □有点掌握 □完全不会	

电商直播行业的发展需要借助法律力量

党的二十大报告提出，加快发展数字经济，促进数字经济和实体经济深度融合，打造具有国际竞争力的数字产业集群。近年来，电商直播作为一种新型商业模式，在增加就业、扩大内需、促进数字经济发展等方面发挥了积极作用。国家统计局数据显示，2022年，我国网络零售市场总体稳步增长。其中，电商新业态、新模式彰显活力，商务大数据重点监测电商直播平台累计直播场次超1.2亿场，累计观看超1.1万亿人次，直播商品超9500万个，活跃主播近110万人。但是，当前电商直播存在很多问题，如主播信用缺失、行业门槛模糊、监管薄弱等，需要借助法律力量规范。

行业乱象的本质是一定程度上的市场失灵，是直播平台、网络主播及相关企业缺乏法律意识、社会责任和诚信观念的体现。在行业发展初始阶段，由于相关法律法规缺失、监管处罚力度不够、网络空间道德约束机制欠缺等，市场主体难免过度逐利。这就需要有关政府部门、市场主体和公众共同努力，推动直播行业行稳致远。

为促进电商直播行业规范、有序、健康发展，相关监管政策和规范陆续出台。2021年3月，中国广告协会发布了《网络直播营销选品规范》，同年4月，国家互联网信息办公室等七部门联合印发了《网络直播营销管理办法（试行）》。本次印发的行业规范进一步要求专业主播"持证上岗"，对向上向善、模范遵守行为规范的网络主播进行正向激励，对出现违规行为的网络主播进行警示和约束。

直播平台也要加强对直播间运营者、平台内经营者的主体信息披露，加大对直播间运营者、直播营销人员、主播的管理力度。主播应加强对相关法律法规的学习，自觉提升职业素养。此外，消费者协会等社会组织要积极发挥监督作用，社会公众应提高数字参与能力、增强维权意识。

总之，应以直播带货乱象治理为契机，积极规范并推动电商直播等新模式、新业态发展，充分发挥好数字经济在畅通国内经济大循环中的作用。

项目检测一

一、单选题

1. （　　）是免费的违禁词查询工具。

　　A. 快词抓　　B. Python　　C. 词爪网　　D. 八爪鱼

2. 下列属于违反《网络主播行为规范》的是（　　）。

A．主播引导用户文明互动、理性表达

B．主播的服饰、妆容符合大众的审美情趣和欣赏习惯

C．主播在注册账号时使用本人的身份信息

D．主播宣称产品的含棉量为95%，而销售界面详情页上标注的含棉量为89%

3．在直播中，主播应该避免使用的话术为（　　）。

A．"这款产品现在购买可以享受折扣优惠"

B．"这款产品是我们店内的热销款"

C．"这款产品绝对是行业内最好的"

D．"这款产品价格很划算，喜欢的朋友要抓紧机会"

二、多选题

1．主播在直播时，不能使用的违禁词有（　　）。

A．最高级别　　　　　　B．史无前例

C．独家配方　　　　　　D．世界领先

2．下列关于直播打赏规范描述正确的是（　　）。

A．直播平台可以针对所有用户研发对应的打赏功能

B．直播平台不允许使用"网红儿童"直播谋利

C．直播平台不得为未满16周岁的未成年人提供主播账号注册服务

D．直播平台可以通过夸大展示、渲染特效等方法诱导用户打赏礼物

3．下列属于电商直播相关法律法规的有（　　）。

A．《中华人民共和国产品质量法》

B．《中华人民共和国消费者权益保护法》

C．《中华人民共和国反不正当竞争法》

D．《中华人民共和国电子商务法》

三、判断题

1．对未成年人冒用成年人账号打赏的，直播平台应当在保护隐私的前提下及时核查，属实的须按规定办理退款。（　　）

2．在没有事实依据的情况下，主播声称"这款饼干在全网销量第一"。主播的这句话没有禁用词。（　　）

3．信息整理和归类的方法有绘制思维导图、制作表格、用线上笔记软件记录等。（　　）

四、实践操作

结合所学知识，请同学们使用直播话术敏感词过滤工具，完成糕点直播话术的敏感词过滤，并填写表1-10。

> **糕点直播话术**
>
> （1）"宝宝们，接下来了解一下这款糕点。这款糕点采用高端礼盒包装，特别适合送礼，是朋友、老人、亲戚都会满意的一款商品，全网销量遥遥领先。"
>
> （2）"宝宝们，我们直播间这款糕点的价格是全网最低价，199元/盒，你们可以随便比价任何平台，买贵包赔。限量100份，现在给大家上架！"
>
> （3）"宝宝们，我们直播间的这款糕点不但美味，而且有国家老字号认证，属于国家非物质文化遗产，真的就是吃一次少一次，快快下单吧！"
>
> （4）"宝宝们，我们直播间的这款糕点价格真的很划算，仅此一次，下次大家来买就不是这个价格了，大家可以买回去送给亲戚朋友！"
>
> （5）"宝宝们，我们直播间的这款糕点是由国家非物质文化遗产传承的掌门人给大家制作的，买回去绝对不会后悔！"

表1-10 糕点直播话术敏感词汇总

敏感词	

项目检测二

一、单选题

1. 电商直播活动中，以下不属于违法行为的是（　　）。
   A．虚构销售数据　　　　　　　　B．发布虚假宣传信息
   C．直播时擅自宣传医疗保健品　　D．按规定进行实名认证

2. 商家想要在淘宝平台进行直播，应该从（　　）了解淘宝平台的直播要求及相关规则。
   A．"淘宝直播课堂"—"规则专区"　B．"淘宝商家后台"—"规则专区"

C．"淘宝直播课堂"—"活动专区"　　D．"淘宝直播课堂"—"功能专区"

3．直播话术敏感词过滤工具能够帮助主播（　　）。

A．筛选违规词　　　　　　　　B．替换违规文字

C．及时关闭直播　　　　　　　D．将文字马赛克

二、多选题

1．电商直播相关法律法规的搜集可以使用（　　）方法。

A．电商平台商家后台　　　　　B．搜索引擎关键词搜索

C．在政府官网搜索　　　　　　D．阅读书籍和文献

2．直播话术敏感词过滤工具有（　　）。

A．抖词词　　　B．八爪鱼　　　C．词爪网　　　D．句无忧

3．下列是《中华人民共和国广告法》禁用词的有（　　）。

A．国家级　　　B．轻奢　　　C．品牌　　　D．最高级

三、判断题

1．平台用户都可以参与直播打赏。（　　）

2．主播在直播中不会出现违法违规行为，因此电商直播平台不用对主播言论及行为进行监管。（　　）

3．抖词词是抖音违禁词检测工具，可以提供抖音违禁词、抖音敏感词检测服务。（　　）

四、实践操作

请结合所学知识，了解电商直播相关法律法规，搜集违规案例并进行整理和归类，完成表 1-11。

表 1-11　电商直播违规案例整理和归类

电商直播法律法规的类型	违规案例
电商直播话术类	
主播行为规范类	
直播间商品规范类	

实践项目二

直播开场

项目情景

为了能够吸引更多的用户驻足直播间观看直播并购买产品,企业会安排主播在开始推介产品前进行直播开场。主播可以运用专业的开场话术,配合相应的演示方法,吸引用户的注意力,引起用户的兴趣,使用户能够驻足直播间观看直播。

某零食公司在 6 月 1 日有一场"零食狂欢节"的直播活动。公司安排林畅进行 3~5 分钟的直播开场。在直播前,林畅需要了解整场直播活动的基本信息,设计开场欢迎话术和开播暖场话术,完成直播开场。

项目实践导图

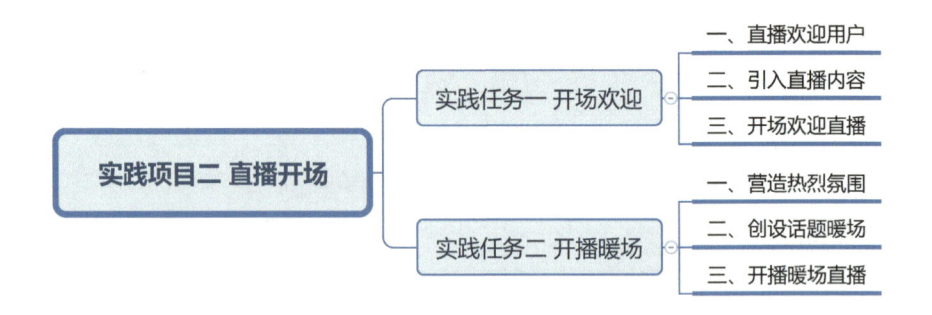

- 实践项目二 直播开场
  - 实践任务一 开场欢迎
    - 一、直播欢迎用户
    - 二、引入直播内容
    - 三、开场欢迎直播
  - 实践任务二 开播暖场
    - 一、营造热烈氛围
    - 二、创设话题暖场
    - 三、开播暖场直播

实践任务一 开场欢迎

任务描述

"零食狂欢节"直播活动任务下发后,导播给了林畅一份直播活动信息汇总表(见表2-1),包括直播主题、商品类型、整体活动优惠等信息。在直播过程中,林畅需要先欢迎用户,再引入直播内容,完成开场欢迎直播。

表2-1 直播活动信息汇总表

直播主题	"零食狂欢节"
直播目标	观看直播的人数达到200万人,直播带货销售额达到10万元
主播	林畅
主播介绍	新人主播,活泼、幽默、平易近人、亲和力强、控场能力强
直播时间	18:00-21:00
商品类型	糕点类、肉类、果干类、海味类、坚果类
整体活动优惠	全场满200元减15元、满300元减20元

任务目标

1. 根据欢迎用户话术的分类,能够对观看直播的用户表示欢迎。
2. 根据直播活动信息汇总表,能够引入本场直播内容。
3. 根据具体的开场欢迎话术,设计对应的直播演示方法,完成开场欢迎直播。

任务实践

一、直播欢迎用户

在直播开场时,主播需要向进入直播间观看的用户表示欢迎与感谢。主播通过欢迎用户,能够让用户感受到主播热情友好的态度,提升用户留存率。通常主播会使用介绍式话术和引导式话术来欢迎用户。请根据导播提供的直播活动信息汇总表,帮助林畅写出直播欢迎用户的话术(话术时长为10~60秒)。

介绍式话术：_____

_____

_____

引导式话术：_____

_____

_____

> **实践小贴士**
>
> **直播欢迎用户的话术**
>
> **1. 介绍式话术**
>
> 主播使用礼貌用语，通过介绍直播间和自我介绍、欢迎与感谢用户，与用户进行沟通，让用户了解直播间的功能并认识自己，迅速拉近自己与用户之间的距离，增加用户的好感度。使用介绍式话术要注意突出主要信息，包括直播间的名称、主播的名字、直播主题等。
>
> 主播可以这样说："欢迎来到××直播间，我是今天的主播××，今天将由我来陪伴大家一起度过愉快的直播时光，希望大家多多支持哦，感谢你们。"
>
> **2. 引导式话术**
>
> 主播在对直播间和自己的基本情况进行简单介绍之后，使用热情且具有亲和力的话语，吸引用户持续观看直播，引导用户关注直播间，并对直播内容进行点赞、分享、评论等。引导式话术以促使用户关注、点赞、分享、评论为主要目的，能进一步增加直播间的用户数，获得更多流量。
>
> 主播可以这样说："欢迎大家来到直播间，我是今天的主播××，喜欢主播的在左上角点个关注哦，有什么想说的话可以通过评论告诉主播，感谢大家的支持与捧场。"
>
> 无论使用哪一种话术，主播都要热情有礼貌地欢迎每位用户。

二、引入直播内容

引入直播内容可以让用户对整场直播活动有一个大致的了解，从而吸引感兴趣的用户持续观看直播。通常主播会使用直述式引入话术和间接式引入话术来引入直播内容。请根据导播提供的直播活动信息汇总表，帮助林畅写出引入直播内容的话术（话术时长为2～3分钟）。

直述式引入话术：_____

_____

_____

间接式引入话术：_____

_____

_____

> **实践小贴士**

引入直播内容的话术

1. 直述式引入话术

主播以简洁有力的话语对用户关注的重点信息进行直接概述，包括直播主题、商品类型、整体活动优惠等，使用户对整场直播活动有一个大致的了解。直述式引入话术简单直白、省时省力，能够向用户快速精准地传递信息。

主播可以这样说："我们今天是'零食狂欢节'专场直播，本场直播商品都是大家平时的热购款，像大家平时经常购买的猪肉脯、每日坚果、杜果干等，今晚都有折扣优惠，还请大家持续守候直播间。我们将给您带来更多丰厚福利，让大家买得放心、买得实惠、买得满意。"

2. 间接式引入话术

主播先使用与直播主题相关的话语进行铺垫，调动起用户的兴趣之后，再对需要陈述的核心信息做简要概括，或者在与用户交流的过程中，巧妙地将直播内容的相关信息融入话语中，引起用户的共鸣，使用户更容易接受。

主播可以这样说："休闲娱乐的时候，有美食陪伴能够增添快乐；生活忙碌的时候，有美食在旁能够缓解饥饿、疲劳。趁着'零食狂欢节'，及时储备快乐吧。本场直播福利多多、优惠多多，快来关注直播间，挑选你喜欢的美食吧。"

三、开场欢迎直播

开场欢迎直播是指主播在开场直播时，通过设计合适的演示方法，向用户表示欢迎并引入直播内容，吸引用户持续观看直播的过程。在开场欢迎直播的过程中，除了运用开场欢迎

电商直播话术实践

话术，主播还需要设计合适的演示方法，让直播氛围更加活跃，增强直播感染力。通常在直播过程中，主播会通过借助道具、灵活运用手势和表情等演示方法来进行开场欢迎。

请根据以上内容，整理开场欢迎话术，设计合适的演示方法，完成开场欢迎直播脚本（见表2-2），并在直播实训室进行开场欢迎直播（开场欢迎直播时长为3～5分钟）。

表2-2 开场欢迎直播脚本

具体时间	环节	话术内容	备注（演示方法）
	直播欢迎用户		
	引入直播内容		

实践小贴士

开场欢迎直播演示方法

1. 借助道具

主播在开场欢迎直播的过程中，可以借助商品、品牌周边、手举牌、铜锣、写字板等道具来营造直播氛围，使用户能够快速进入直播场景。在这一过程中，主播通常会选择与语言表达要传递的内容相对应的道具，进一步强调重点信息。

例如，在引入直播内容时，主播可以选择内容为"直播嗨抢""买它买它买它""点关注，不迷路"的手举牌，营造直播抢购的氛围，同时示意用户关注直播间，使用户快速进入直播场景。

2. 灵活运用手势和表情

主播在开场欢迎直播的过程中，尽量让自己的表情更加丰富、生动，同时配合一些手势、肢体动作，向用户更加清晰地传递自己所要传递的信息，提升亲和力，从而拉近与用户之间的距离。在这一过程中，主播通常会以富有感染力的微笑和手势等，展现出自己落落大方的形象，提升用户对自己的好感度。

例如，在欢迎用户进入直播间时，主播可以用具有亲和力的微笑及招手的欢迎手势，向用户打招呼表示欢迎，使用户感受到主播的热情。

任务拓展

请根据西湖龙井茶信息汇总,再结合上述内容,在直播实训室完成西湖龙井茶"品春茶 幸福行"活动的开场欢迎直播,包括直播欢迎用户、引入直播内容两个环节,并对这两个环节进行具体时间安排、开场欢迎话术设计和演示方法设计(开场欢迎直播时长为3~5分钟)。

西湖龙井茶信息汇总

(一)产品基础信息

品名:西湖龙井茶。

产地:浙江钱塘产区。

等级:明前特级。

单罐净重:250克。

发酵程度:不发酵。

茶叶形状:片形。

采摘要求:一芽两叶。

采摘时间:明前。

包装规格:2罐。

储存方式:干燥、冷藏、避光、防异味。

包装形式:礼盒装。

保质期:12个月。

建议茶具:盖碗、玻璃杯。

冲泡温度:建议90℃以上。

价格:278元。

产品图片如图2-1所示。

(二)制作工艺及获得的荣誉

制作工艺:干燥、萎凋、炒青、杀青、揉捻。

获得的荣誉:品牌荣获亚洲名优品牌奖、中国茶叶十大影响力品牌;企业为西湖区农业龙头老大及杭州西湖龙井茶骨干企业。

图2-1 西湖龙井茶

(三)冲泡流程

(1)投茶。投入2.5~3克的龙井茶叶,如图2-2所示。

（2）摇香。注入90℃左右的热水至1/3处轻摇茶汤，如图2-3所示。

图2-2　投茶 　　　　　　　　图2-3　摇香

（3）注水。注入90℃左右的热水至七分满，如图2-4所示。

（4）品鉴。静待片刻，访客品鉴，如图2-5所示。

图2-4　注水 　　　　　　　　图2-5　品鉴

（四）售后信息

1．关于发货

默认48小时内发货，预售和其他特定情况说明除外，顺丰快递配送。

2．关于退货

支持7天无理由退换货（不影响二次销售的情况下），非质量问题需由买家承担寄回运费。

3．关于快递

全国多地分设仓库，就近发货。中国港澳台及海外等地区，暂时无法发货。

知识拓展

提升直播间流量的方法

直播间的流量直接影响直播营销效果。除通过直播预热引流外，还可以采取各种方法吸引更多流量进入直播间。

1. 固定直播时间

主播可以将直播时间固定，并在每次开场的时候强调直播时间，方便用户养成在固定时间观看直播的习惯。主播可以这样说:"欢迎大家来到我的直播间,每天晚上 8 点我都会在这里等着大家。"

2. 鼓励用户关注和点赞

用户的关注和点赞有助于提高直播间的搜索排名、改善推荐或位置展现,而这些都能为直播间带来更多的免费流量。主播可以这样说:"欢迎大家来到我的直播间,没关注的朋友记得点一下屏幕左上角,关注直播间账号,直播间会不定时发放各种礼品和福利,大家一定不要错过。"

3. 邀请用户转发

邀请正在观看直播的用户帮忙转发直播间也是快速提升直播间人气的方法。主播可以这样说:"欢迎大家邀请更多的朋友一起来我的直播间,今天我们有很多的福利活动,可以邀请你的家人、朋友一起来参加。"

任务评价

根据表 2-3 的实践内容,学生进行实践自评,教师根据学生的实践情况进行评价。

表 2-3 开场欢迎评价表

实践	实践内容	实践自评	教师评价
直播欢迎用户	能用介绍式话术对观看直播的用户表示欢迎	□能够掌握 □有点掌握 □完全不会	□优秀 □良好 □一般 □有待改进
	能用引导式话术对观看直播的用户表示欢迎	□能够掌握 □有点掌握 □完全不会	
引入直播内容	能用直述式引入话术引入直播内容	□能够掌握 □有点掌握 □完全不会	□优秀 □良好 □一般 □有待改进
	能用间接式引入话术引入直播内容	□能够掌握 □有点掌握 □完全不会	
开场欢迎直播	能用合适的演示方法配合开场欢迎直播	□能够掌握 □有点掌握 □完全不会	□优秀 □良好 □一般 □有待改进

实践任务二 开播暖场

📋 任务描述

在完成开场欢迎直播之后,接下来林畅需要结合导播提供的直播活动信息汇总表(见实践任务一表2-1),设计相关话术,烘托直播氛围,带领用户快速进入直播情境,完成开播暖场。

📚 任务目标

1. 根据营造热烈氛围的方法,设计营造热烈氛围的话术。
2. 根据直播活动信息汇总表,设计创设话题暖场的话术。
3. 根据具体的开播暖场话术,设计对应的直播演示方法,完成开播暖场直播。

🖱 任务实践

一、营造热烈氛围

在引入直播内容之后,需要营造热烈的直播氛围。主播通过营造热烈氛围的话术,可以激发用户的热情,吸引用户的注意力。通常主播会通过暖场互动、创造爆点时刻的方法来营造热烈氛围。请根据导播提供的直播活动信息汇总表,帮助林畅写出营造热烈氛围的话术(话术时长为30~60秒)。

暖场互动的话术:_____
_____
_____
_____

创造爆点时刻的话术:_____
_____
_____
_____

> **实践小贴士**
>
> **营造热烈氛围的方法**
>
> **1. 暖场互动**
>
> 主播在直播中引入一系列互动环节对于营造热烈氛围至关重要,包括向用户提问题、进行抽奖、发放红包等。通过这些互动环节,用户能够积极参与其中,产生参与感和被重视的感觉。用户的积极回应将进一步激发其他用户的兴趣,形成良性的互动循环。这些互动环节不仅能够吸引用户的注意力,还能够提升直播的趣味性和互动性,给用户带来愉快的体验。
>
> 主播可以这样说:"欢迎大家来到直播间,为了感谢大家的支持,我给大家准备了大额红包!大家只需在直播间积极参与互动,就有机会赢取红包大礼。同时,我们也会进行抽奖,幸运用户将有机会获得限量版的零食礼包或其他精美奖品。"
>
> **2. 创造爆点时刻**
>
> 主播可以通过精心设计和安排,在直播过程中创造一些令人惊喜和搞笑的瞬间,如可以提前选择一些有趣、搞笑的视频片段,适时地插入直播过程中,给用户带来欢笑。这种意外的喜剧元素不仅能够瞬间吸引用户的注意力,带给用户新鲜感,还能给直播增添一份神秘感和娱乐性,让整个直播间充满欢乐的气氛。
>
> 主播可以这样说:"朋友们,我给大家准备了一份惊喜,希望可以给大家带来更多欢乐,能够让大家暂时忘却烦恼,享受眼前的快乐时光,重新注入活力。让我们一同度过一段轻松欢乐的时光吧。"

二、创设话题暖场

创设话题暖场是指基于用户需求、痛点或感兴趣的内容,结合直播主题及目的创设相应的暖场话题进行暖场,使用户快速进入直播情境。通常主播会使用直接型话术和间接型话术来创设话题暖场。请根据导播提供的直播活动信息汇总表,帮助林畅写出创设话题暖场的话术(话术时长为10~60秒)。

直接型话术:_____

_____

_____

间接型话术：_____

> 📄 **实践小贴士**

> **创设话题暖场的话术**
>
> **1. 直接型话术**
>
> 主播向用户直接讲述直播的内容概况，包括商品类型、商品优惠、活动福利、品牌口碑等，具有开门见山、直截了当的效果。使用直接型话术进行暖场时，主播需要紧密结合直播主题，以简洁明了的语言突出直播活动的重点，使用户对整场直播活动有一个基本的了解，循序渐进，为直播活动的开始做好铺垫，从而吸引目标用户关注直播，购买商品。
>
> 主播可以这样说："本场直播活动，我们为大家带来了很多种类的零食，包括糕点类、肉类、果干类、海味类、坚果类。而且，比平时的价格更优惠。年中大福利，全场7折起。另外，还有大额满减福利等着大家。请大家关注我们的直播间，领取更多好运福利吧。"
>
> **2. 间接型话术**
>
> 主播运用提问、创设故事情境、设置悬念、构建消费场景等方式，提出一个与直播内容相关的话题，以此引入对直播活动相关内容的讲述。使用间接型话术进行暖场时，主播需要以直播主题为核心，充分了解用户的消费心理，巧妙灵活地将话题与直播活动联系起来，层层递进，引起用户的情感共鸣，从而激发用户主动参与直播活动的积极性。
>
> 主播可以这样说："你还在为找不到好零食而烦恼吗？你还在为好零食价格太高而舍不得购买吗？你还在为不知道选什么零食而犹豫吗？那么，来我们的'零食狂欢节'直播活动吧。我们精心为您挑选了多品类的零食，一定有一款零食会让您心动。而且，为了感谢大家的支持，全场福利大放送，不仅有大额优惠券，还有满减折扣，帮您省钱，让您买到爽。"

三、开播暖场直播

开播暖场直播是指主播在直播时，通过设计合适的演示方法，营造直播氛围，使用户对直播内容充满期待的过程。在开播暖场直播的过程中，除了运用开播暖场话术，主播还需要设计合适的演示方法,以此来调节直播氛围、调动观众情绪,提升直播间的人气,从而促进流量转化。通常在直播过程中,主播会通过借助道具、灵活运用手势和表情等演示方法来进行开播暖场。

请根据以上内容,整理开播暖场话术,设计合适的演示方法,完成开播暖场直播脚本(见表2-4),并在直播实训室进行开播暖场直播(开播暖场直播时长为3~5分钟)。

表2-4 开播暖场直播脚本

具体时间	环节	话术内容	备注(演示方法)
	营造热烈氛围		
	创设话题暖场		

> 实践小贴士

开播暖场直播演示方法

1. 借助道具

主播在开播暖场直播的过程中,可以借助商品、品牌周边、手举牌、铜锣、写字板等道具来活跃直播氛围,让用户能够快速融入直播氛围之中。在这一过程中,主播通常会选择与语言表达要传递的内容相对应的道具,进一步强调重点信息,营造热烈的直播氛围。

例如,主播在讲到爆款商品时,可以向用户展示部分商品的外观,对直播商品进行预告;主播在讲到购买福利、爆款抢购、红包雨时,可以使用"直播爆款 全场嗨购""直播间抢购啦""红包雨来袭"等手举牌,营造直播氛围。

2. 灵活运用手势和表情

主播在开播暖场直播的过程中,尽量让自己的表情更加丰富、生动,同时配合一些手势、肢体动作,向用户清晰传达自己的指令或意向,从而引起用户的情感共鸣,达到营销目的。在这一过程中,主播通常会以真诚专业的态度、富有亲和力的表情、帮助解说的肢体动作等,营造热烈的直播氛围。

例如，主播在讲到七折、满减等具体优惠时，可以借助数字手势来向用户清晰传达优惠力度。同时，主播还可以运用开心、惊讶的表情，向用户表示活动优惠力度之大，使用户产生买到实惠的感受。

任务拓展

请根据西湖龙井茶信息汇总，再结合上述内容，在直播实训室完成西湖龙井茶"品春茶 幸福行"活动的开播暖场直播，包括营造热烈氛围、创设话题暖场两个环节，并对两个环节进行具体时间安排、开播暖场话术设计和演示方法设计（开播暖场直播时长为 5~10 分钟）。

知识拓展

新手主播的注意事项

1. 灵活运用话术

很多新手主播经常把话术作为一种模板或框架来套用，不能根据实际情况进行灵活变通。要注意，话术并不是一成不变的，要活学活用。并且，主播要及时回应用户的提问，热情与用户进行互动，让用户感受到被重视。

2. 话术与情感相配合

新手主播往往缺乏直播经验，可能经常会遇到忘词的情况，这时主播虽然可以参考话术脚本，但一定要注意配合情感，面部表情要丰富，情感要真诚，再加上肢体语言、道具等。直播的氛围感十分重要，主播必须能够带动用户参与互动。

3. 注意语速、语调

在直播时，主播的语速要确保用户能够听清说的内容，语调要抑扬顿挫，富于变化。主播可以根据直播内容灵活调整语速、语调，来调动用户的情绪。

任务评价

根据表 2-5 的实践内容，学生进行实践自评，教师根据学生的实践情况进行评价。

表 2-5 开播暖场评价表

实践	实践内容	实践自评	教师评价
营造热烈氛围	能运用暖场互动的方法营造热烈的直播氛围	□能够掌握 □有点掌握 □完全不会	□优秀 □良好 □一般 □有待改进
	能运用创造爆点时刻的方法营造热烈的直播氛围	□能够掌握 □有点掌握 □完全不会	
创设话题暖场	能使用直接型话术创设话题暖场	□能够掌握 □有点掌握 □完全不会	□优秀 □良好 □一般 □有待改进
	能使用间接型话术创设话题暖场	□能够掌握 □有点掌握 □完全不会	
开播暖场直播	能用合适的演示方法配合开播暖场直播	□能够掌握 □有点掌握 □完全不会	□优秀 □良好 □一般 □有待改进

职业视窗

顺应时代要求，提高话术文化内涵

2022年，国家广播电视总局、文化和旅游部联合印发了《网络主播行为规范》，首次对网络主播的行为进行了系统性、全面性规范。《网络主播行为规范》规定，网络主播应当坚持健康的格调品位、取得相应执业资质等。这标志着网络主播行业的发展正逐步规范化、高知化。

网络主播早在前几年就已被社会认可，2020年7月，人力资源和社会保障部、国家市场监督管理总局、国家统计局联合向社会发布了包括"互联网营销师"在内的一批新职业。"互联网营销师"被正式纳入《中华人民共和国职业分类大典》。2021年11月，人力资源和社会保障部、中共中央网络安全和信息化委员会办公室、国家广播电视总局共同发布了《互联网营销师国家职业技能标准》，由此可见，包括网络主播在内的互联网营销师正逐步趋于规范化、高知化。

教育、科技、人才是全面建设社会主义现代化国家的基础性、战略性支撑。培养大批德才兼备的高素质人才，是国家和民族长远发展的大计。因此，在国家加强培养高技能人才的同时，投身于电商主播行业的从业者也应跟上时代发展的步伐，培养自身的格调品位，发挥自我价值，用言之有物的话术来赢得用户的认可。

项目检测一

一、单选题

1. 下列关于开播暖场描述不正确的是（　　）。
   A．开播暖场可以营造直播氛围
   B．开播暖场可以使用户对直播内容充满期待
   C．开播暖场可以使用户快速进入直播情境
   D．开播暖场可以使用户全面了解产品的功能属性

2. 下列关于引入直播内容的话术描述错误的是（　　）。
   A．直述式引入话术是对重点信息进行的直接概述
   B．直述式引入话术更为简单直白、省时省力，能够向用户快速精准地传递信息
   C．间接式引入话术的话题通常与直播主题没有任何关联性
   D．间接式引入话术是指主播在与用户交流的过程中，巧妙地将直播内容的相关信息融入话语中

3. 在直播过程中，（　　）可以提升主播的亲和力，拉近主播与用户之间的距离。
   A．直播活动优惠
   B．产品的功能属性
   C．专业的产品解答
   D．礼貌用语和友好的态度

二、多选题

1. 创设话题暖场可以使用（　　）。
   A．直接型话术 B．产品试用话术
   C．产品讲解话术 D．间接型话术

2. 新手主播在直播中的注意事项有（　　）。
   A．灵活运用话术 B．话术与情感相配合
   C．善于借助氛围道具 D．注意语速、语调

3．提升直播间流量的方法有（　　）。

　　A．直播时间随机　　　　　　B．鼓励用户关注

　　C．邀请用户转发　　　　　　D．鼓励用户点赞

三、判断题

1．在开场欢迎直播过程中，主播可以借助道具、灵活运用手势和表情，让直播氛围更加热烈，增强感染力。　　　　　　　　　　　　　　　　　　　　　　　　　（　　）

2．用户只会关注直播活动产品，因此在开场直播中不需要向用户表示欢迎与感谢。
　　　　　　　　　　　　　　　　　　　　　　　　　　　　　　　　　　（　　）

3．开场欢迎中的引导式话术以促使用户关注、点赞、分享、评论为主要目的，能进一步增加直播间的用户数，获得更多流量。　　　　　　　　　　　　　　　　　（　　）

四、实践操作

请结合所学知识，设计直播间的开场欢迎话术并在直播实训室进行开场欢迎直播，完成表 2-6。

表 2-6　开场欢迎直播脚本

具体时间	环节	话术内容	备注（演示方法）
	直播欢迎用户		
	引入直播内容		

项目检测二

一、单选题

1．下面属于开场欢迎话术的是（　　）。

　　A．"欢迎来到××直播间，我是今天的主播××，希望大家多多支持，感谢你们"

　　B．"今天给大家带来一款肉质饱满、紧实，口感筋道的无骨鸡爪"

　　C．"朋友们，这款脐橙的果肉细嫩，果香浓郁诱人，而且今天直播下单购买脐橙有优惠，满两件打 8 折"

D．"这款烤肠精选猪后腿肉，健康美味，而且这款产品今晚直播间有活动，会员打8折"

2．下面关于直播开场内容说法正确的是（　　）。

   A．直播开场包括开场欢迎和产品问题答疑

   B．直播开场包括开场欢迎和开播暖场

   C．直播开场包括产品问题答疑和开播暖场

   D．直播开场包括产品问题答疑和产品活动介绍

3．下列关于直接型话术暖场说法正确的是（　　）。

   A．直接型话术需要创设故事情境，设置悬念

   B．直接型话术会使用构建消费场景的方式，引导用户

   C．直接型话术具有开门见山、直截了当的效果

   D．直接型话术会提出与直播内容相关的话题进行引入

二、多选题

1．下面属于间接型话术暖场常用方式的是（　　）。

   A．引入相关话题

   B．直接介绍活动概况

   C．创设故事情境

   D．设置悬念

2．在开场欢迎直播过程中，除了运用开场欢迎话术，主播还可以（　　）活跃直播氛围。

   A．详细介绍产品

   B．借助道具

   C．运用手势

   D．试吃产品

3．在开播暖场时，主播运用手势和表情的目的是（　　）。

   A．营造热烈的直播氛围

   B．引起用户的情感共鸣

   C．向用户清晰传达指令或意向

   D．使用户快速融入直播氛围

三、判断题

1．主播通过开场欢迎，能够让用户感受到主播热情友好的态度，提升用户留存率。

（　　）

2．主播可以将直播时间固定，并在每次开场的时候强调直播时间，方便用户养成在固定时间观看直播的习惯。（   ）

3．开场欢迎直播可以让用户对直播产品有一个详细的了解，吸引感兴趣的用户继续观看直播。（   ）

四、实践操作

请结合所学知识，设计直播间的开播暖场话术，并在直播实训室进行开播暖场直播，完成表 2-7。

表 2-7　开播暖场直播脚本

具体时间	环节	话术内容	备注（演示方法）
	营造热烈氛围		
	创设话题暖场		

实践项目三

产品直播推介

项目情景

完成直播开场后,需要进行产品直播推介。为了能够让用户驻足直播间购买产品,企业在直播时会安排主播进行产品直播推介。主播应运用优秀的产品推介话术,加入介绍动作,快速引起用户的注意和兴趣,激发其购买欲望,促成其下单。

某零食公司在6月1日有一场"零食狂欢节"的直播活动。公司在这场直播活动中安排林畅对鲜花饼进行3~5分钟的推介。在直播前,林畅需要了解鲜花饼的基本信息,设计产品介绍话术、产品活动介绍话术和产品促单话术,完成产品直播推介,最终促成销售。

项目实践导图

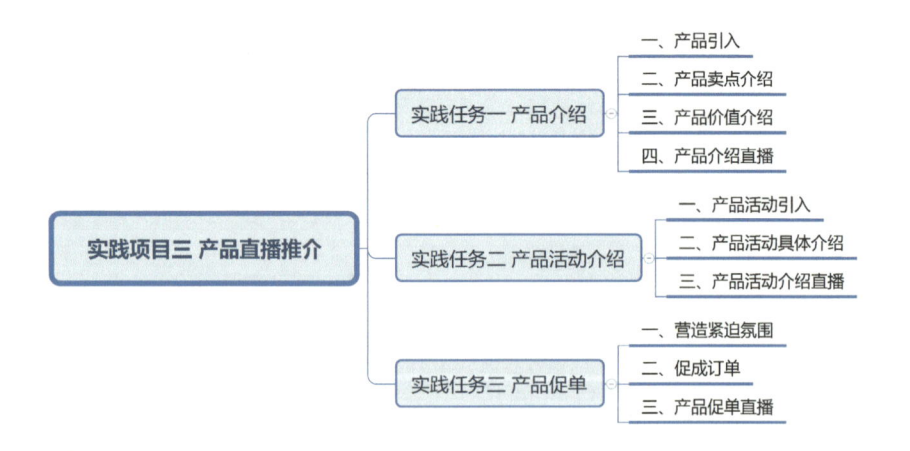

```
                                              ┌─ 一、产品引入
                          ┌─ 实践任务一 产品介绍 ─┼─ 二、产品卖点介绍
                          │                    ├─ 三、产品价值介绍
                          │                    └─ 四、产品介绍直播
                          │
                          │                       ┌─ 一、产品活动引入
实践项目三 产品直播推介 ─────┼─ 实践任务二 产品活动介绍 ┼─ 二、产品活动具体介绍
                          │                       └─ 三、产品活动介绍直播
                          │
                          │                    ┌─ 一、营造紧迫氛围
                          └─ 实践任务三 产品促单 ─┼─ 二、促成订单
                                               └─ 三、产品促单直播
```

实践任务一 产品介绍

任务描述

"零食狂欢节"直播活动实施任务下发后,产品运营给了林畅一份鲜花饼信息汇总,包括鲜花饼的基础信息、营养成分、典故、制作工艺等。在直播过程中,林畅需要先进行产品引入,再进行产品卖点介绍和产品价值介绍,完成产品介绍直播。

鲜花饼信息汇总

(一)产品基础信息

品名:鲜花饼。

产地:云南省昆明市。

包装类型:袋装。

净含量:500克/袋。

是否为有机食品:是。

食用方式:开袋即食。

口味:玫瑰饼、茉莉花饼、抹茶玫瑰饼、桂花饼。

口感:花香浓郁,清甜不腻,层层酥皮,酥软香甜。

特色:重瓣有机玫瑰,国内和欧美双认证花田;
　　　醇甜蜂蜜,取之于花,用之于花,甜蜜和谐;
　　　上乘小麦粉,口感柔韧、细腻、香酥薄脆。

适用场景:早餐、下午茶、饭后甜点。

储存方式:常温。

生产日期:见包装袋喷码处。

保质期:90天。

价格:39.9元。

过敏原:本产品含有蛋类及其制品、大豆及其制品。

（二）产品营养成分

鲜花饼的营养成分如表3-1所示。

表3-1 鲜花饼的营养成分

项目	每100克	营养素参考值
能量	1872千焦	22%
蛋白质	4.9克	8%
脂肪	26.3克	44%
碳水化合物	48克	16%
钠	0.096克	5%

（三）产品典故

据史料记载，鲜花饼是在300多年前由清代的一位制饼师傅制造出来的，由于鲜花饼花香沁心、甜而不腻，广为流传。晚清时，《燕京岁时录》记载："四月以玫瑰花为之者，谓之玫瑰饼。以藤萝花为之者，谓之藤萝饼。皆应时之食物也。"食用玫瑰花的花期有限，而玫瑰饼只使用食用玫瑰花的花瓣，这也是玫瑰饼颇显珍贵的一个原因。后经朝内官员的进贡，鲜花饼一跃成为官廷御点，并深得乾隆皇帝的喜爱。

（四）制作工艺及获得的荣誉（以玫瑰饼为例）

1．制作工艺

（1）采摘玫瑰花。食用玫瑰花的采摘是一项十分有讲究的工作，必须在每天清晨伴着晨露开始采摘，采摘至上午9点前后便须结束。因为9点之后气温开始上升，鲜花的香气会随之挥发，进而影响花瓣的品质。

（2）制作馅料。新鲜的玫瑰花去蒂，将花瓣摘散，加入砂糖轻轻揉搓，再根据干湿情况加入蜂蜜调味，以保留花香，去除苦涩，封好避光发酵两三天。入馅时根据需要加入一定量的熟糯米粉，以降低湿度，增加馅料的黏稠度。

（3）制作饼皮，包入馅料。使用猪油、水、面粉制作油皮和酥皮，包裹馅料时，酥皮在里，油皮在外。

（4）烤制。在饼皮表面刷上一层鸡蛋液，用竹签戳几个洞，避免烘烤时变形破碎，以150℃中火入炉烤制25～30分钟。

2．获得的荣誉

（1）产品累计热销超1亿枚。

（2）中华糕点文化遗产。

（五）售后信息

1．关于发货

默认 12 小时内发货，预售和其他特定情况说明除外，顺丰快递配送，最大程度保证产品的新鲜度。

2．关于退货

支持 7 天无理由退换货（不影响二次销售的情况下），非质量问题需由买家承担寄回运费。

3．关于快递

全国多地分设仓库，就近发货。中国港澳台及海外等地区，暂时无法发货。

任务目标

1. 根据产品引入话术，能够引入产品。
2. 根据 FABE 法则提炼产品卖点，能够对产品卖点进行介绍。
3. 根据产品价值介绍方法，能够对产品价值进行介绍。
4. 根据具体的产品介绍话术，设计对应的直播演示方法，并完成产品介绍直播。

任务实践

一、产品引入

在正式介绍产品之前，需要引入产品。主播通过产品引入话术，可以激起用户对产品的兴趣，提高直播间的用户留存率。通常主播会使用直述式话术和引导式话术来引入产品。请根据产品运营提供的鲜花饼信息汇总，帮助林畅写出引入鲜花饼的直述式话术和引导式话术（话术时长为 30~60 秒）。

直述式话术：_____

_____

_____

引导式话术：_____

_____

_____

实践小贴士

产品引入话术

产品引入话术分为直述式话术和引导式话术两种。为了更好地让大家理解，我们将围绕无骨鸡爪对两种话术进行举例。无骨鸡爪信息汇总如下。

1. 直述式话术

直述式话术一般是指根据产品的基础信息对产品展开介绍，如根据产品信息汇总内容依次进行介绍。直述式话术在直播间引入产品时较为常见。

主播可以这样说："喜欢吃零食的宝宝们有口福了！今天给大家带来的是一款肉质饱满、紧实，口感筋道的网红零食无骨鸡爪。它是产自四川凉山彝族自治州盐源县的优选品质鸡爪，有3种口味，分别是川辣味、蒜香味和泰式酸辣味，每罐500克，可以直接吃、拌凉菜或用汤汁拌面，味道非常好！今天直播间的价格是39.9元两罐。"

2. 引导式话术

引导式话术是指通过描绘产品使用场景、强调用户痛点、利用名人效应、阐述销售业绩等方式引入产品，由此吸引用户进一步关注产品介绍。

以阐述销售业绩方式为例，主播可以这样说："喜欢吃零食的宝宝们有口福了！今天给大家带来的是一款肉质饱满、紧实，口感筋道的无骨鸡爪。它累计热销900多万罐，连续30天好评率为99.9%！大家是不是已经迫不及待地想要这款无骨鸡爪了？接下来，我为大家进行详细介绍。"

无骨鸡爪信息汇总

（一）产品基础信息

品名：无骨鸡爪。

产地：四川凉山彝族自治州盐源县。

等级：优选品质鸡爪。

包装类型：罐装。

净含量：500克/罐。

是否为有机食品：是。

食用方式：开罐即食。

口味：川辣（中辣），咸鲜酸辣甜（含招牌红油包）；
　　　蒜香（微辣），蒜蓉咸鲜辣；
　　　泰式酸辣（微辣），柠檬香味重。

特色：川辣，红润油亮、乐山风味、喷香提味；
　　　蒜香，鲜炒蒜蓉酱；
　　　泰式酸辣，飘香酸辣爽，采用东南亚香料。

适用场景：直接吃、拌凉菜、汤汁拌面。

储存方式：0~10℃冷藏保存。

生产日期：见罐底喷码处。

保质期：90天。

价格：2罐39.9元。

过敏原：本产品含有蛋类及其制品、大豆及其制品。

（二）产品营养成分

无骨鸡爪的营养成分如表3-2所示。

表3-2　无骨鸡爪的营养成分

项目	每100克	营养素参考值
能量	886千焦	11%
蛋白质	17.9克	30%
脂肪	12.5克	21%
碳水化合物	7.0克	2%
钠	1.43克	72%

（三）产品典故

"善学者，若齐王之食鸡也，必食其跖数千而后足。虽不足，犹若有跖。物固莫不有长，莫不有短。人亦然。故善学者，假人之长以补其短。故假人者遂有天下。"

——《吕氏春秋》

也就是说，善于学习的人，就跟齐宣王吃鸡一样，必须要吃几千个鸡爪才能得以满足，就算尚未满足，知识仍然像是有鸡爪吃一样可以接着学。事物本来无不有长处，无不有短处。人也是这样。因此，善于学习的人，能够借别人的长处来弥补自己的短处。因此懂得这样借取别人的人就能得到天下。

（四）制作工艺及获得的荣誉

1．制作工艺

依托现代化工厂，精挑细选出个头大、皮薄肉厚的鸡爪，采用一级压榨菜籽油，选取四川凉山彝族自治州盐源辣椒，加无硫熏蒸、香辛料卤熟，再手工精细剔骨，卤汤冷泡18小时。冷却后的鸡爪更入味，皮嫩筋脆、香辣可口。

（1）川辣：在保留四川特色红油的同时增加泡椒和香辛料汤底，调出咸鲜酸辣甜的复合口味，解腻去腥。根据不同辣椒的特性调整配比，文火慢烤、先煎后炸、反复泼油，再加入醇香芝麻，使口味更加丰富。

（2）蒜香：将蒜蓉、小米辣、大豆油炒制成蒜蓉辣酱，咸鲜香辣，吃了不用太过担心嘴里有味道。

（3）泰式酸辣：地道的柠檬吃法，挤出柠檬汁之后，还要刮一点柠檬皮进去，使藏在其中的精华香气给散出来，加入各种东南亚香料，如香茅草、南姜、黄灯笼椒，酸辣鲜爽。

2．获得的荣誉

（1）产品累计热销900多万罐。

（2）产品综合热销指数为9.9。

（3）产品连续30天好评率为99.9%。

（4）产品荣获2022年食品行业"年度消费者喜爱产品"。

（5）品牌荣获2022年金刀奖"黑马品牌榜TOP20"。

（6）2022年工厂获HACCP质量体系认证。

（7）品牌荣获2022年食品行业年度影响力品牌和年度匠心制作标杆品牌。

（五）售后信息

1．关于发货

默认12小时内发货，预售和其他特定情况说明除外，顺丰冷运配送，最大程度保证产品的新鲜度。

2．关于退货

支持7天无理由退换货（不影响二次销售的情况下），非质量问题需由买家承担寄回运费。

3．关于快递

全国多地分设仓库，就近发货。中国港澳台及海外等地区，暂时无法发货。

（六）活动信息

6.1 当天买一罐送一罐，多买多得！数量有限！

二、产品卖点介绍

精准的产品卖点介绍能激起用户对产品的强烈兴趣与购买欲望。主播先要提炼产品卖点，再结合介绍方法,向用户详细介绍产品卖点。林畅需要根据鲜花饼信息汇总提炼出鲜花饼的卖点,再结合产品卖点介绍方法对鲜花饼的卖点进行详细介绍。

(一)提炼产品卖点

提炼产品卖点是指从产品的产地、制作工艺、包装、价格等方面,提炼出产品的优势,以及与竞争对手存在差异的卖点。通常主播会使用 FABE 法则来提炼产品卖点。请根据鲜花饼信息汇总,帮助林畅利用 FABE 法则来提炼产品卖点,并完成表 3-3。

表 3-3　鲜花饼的卖点提炼

鲜花饼	F(Feature)	A(Advantage)	B(Benefit)	E(Evidence)
卖点 1				
卖点 2				
卖点 3				
卖点 4				
卖点 5				

> **实践小贴士**
>
> **FABE 法则提炼产品卖点**
>
> FABE 即 Feature（特征）、Advantage（优点）、Benefit（利益）、Evidence（证据）的简称。简单理解，FABE 法则就是找出产品独有的或吸引用户的特征后，分析这一特征与其他产品的不同之处和优点，再根据优点找出能带给用户的好处或利益，最后提出证据证明。
>
> 下面将根据无骨鸡爪信息汇总，使用 FABE 法则提炼产品卖点，具体如表 3-4 所示。
>
> （1）F：产品的特质、特性等最基本的功能，以及它是如何满足用户的各种需求的。
>
> 例如，该款无骨鸡爪的特征之一：大个嫩鸡爪。
>
> （2）A：产品的特征与其他同类产品或服务相比所具有的优势。
>
> 例如，大个嫩鸡爪的优点为爪大、筋多肉厚。
>
> （3）B：产品的优点能带给用户的好处或利益。
>
> 例如，根据无骨鸡爪的优点可以推导出吃起来口感筋道。
>
> （4）E：产品所具有的技术报告、国家相关部门的认可证书、用户的评价、销量等。
>
> 例如，查看产品的销量信息，可以得到无骨鸡爪月销量超过 10 000 罐的证据。
>
> 表 3-4 无骨鸡爪的卖点提炼
>
> | 无骨鸡爪 | F | A | B | E |
> | --- | --- | --- | --- | --- |
> | 卖点 1 | 大个嫩鸡爪 | 爪大、筋多肉厚 | 吃起来口感筋道 | 月销量超过 10 000 罐 |

（二）详细介绍产品卖点

提炼出产品卖点后，接下来就需要详细介绍产品卖点了。通常产品卖点介绍方法有直述式讲解、构建使用场景、创设问题反问、同类产品对比 4 种。请结合产品卖点介绍方法及规定的直播时长，运用 FABE 法则提炼产品卖点，帮助林畅详细介绍 3～5 个鲜花饼的卖点，并将详细介绍产品卖点的话术填写在下方横线上（话术时长为 2～3 分钟）。

直述式讲解的话术：_____

_____

_____

构建使用场景的话术：_____

_____

_____

创设问题反问的话术：_____

_____

_____

同类产品对比的话术：_____

_____

_____

> 实践小贴士

产品卖点介绍方法

下面将根据无骨鸡爪信息汇总，分别利用直述式讲解、构建使用场景、创设问题反问、同类产品对比来详细介绍产品卖点，具体如下。

1. 直述式讲解

直述式讲解是指主播不做任何话术的铺垫，直接向用户讲解产品卖点，包括产品的产地、制作工艺、口味、评价、资质等，让用户迅速了解。

主播可以这样说："我们这款无骨鸡爪每只都是由人工筛选的大个嫩鸡爪，每一只鸡爪爪大、筋多肉厚，吃起来口感筋道，月销量超过10 000罐，没有下单的小伙伴快下单吧！"

2. 构建使用场景

构建使用场景是指主播在介绍产品卖点时基于用户需求，构建出符合用户心理的使用场景。通过构建符合用户心理的产品使用场景，讲解自己的感受，层层递进，吸引用户，引出产品卖点。

主播可以这样说："试想一下，周末打开电视，播放自己最喜欢的电影或电视剧，再来上一罐无骨鸡爪，边追剧边嗦鸡爪，解馋过瘾，视觉和味觉都能得到满足！我和我们直播间的小伙伴经常在追剧时吃这款无骨鸡爪。这款无骨鸡爪每只都是由人工筛选的大个嫩鸡爪，每一只鸡爪爪大、筋多肉厚，吃起来口感筋道，月销量超过10 000罐，没有下单的小伙伴快下单吧！"

3. 创设问题反问

创设问题反问是指主播在介绍产品卖点时可以依据产品特点，创设用户关注的问题并进行反问。通过抛出问题，引起用户的共鸣，然后解决问题，引出产品卖点。这样不仅能引起用户的兴趣，还能解决用户痛点，刺激用户产生购买行为。

主播可以这样说："大家平时都会吃无骨鸡爪吗？我们这款无骨鸡爪每只都是由人工筛选的大个嫩鸡爪，每一只鸡爪爪大、筋多肉厚，吃起来口感筋道，月销量超过10 000罐，没吃过的小伙伴可以下单试试看。"

4. 同类产品对比

同类产品对比是指主播在介绍产品卖点时可以与其他同款产品进行比较，类比两款产品的细节。通过专业讲解，围绕推荐产品与其他同款产品的材料、工艺、口感等进行详细介绍，打消用户的顾虑，提升用户对产品的信任感。

主播可以这样说："这款无骨鸡爪每只都是由人工筛选的大个嫩鸡爪，和市面上的很多鸡爪都不一样。我们这款无骨鸡爪每一只鸡爪爪大、筋多肉厚，吃起来口感筋道，月销量超过10 000罐，没有下单的小伙伴快下单吧！"

三、产品价值介绍

产品价值介绍能提升用户对产品的好感度，提高产品销量。通常主播会通过强调产品性价比、突出产品工艺水平、传递产品品牌价值、赋予产品情感价值等方法来介绍产品价值。请根据产品价值介绍方法，帮助林畅介绍3~5点鲜花饼的价值，并将产品价值介绍话术填写在下方横线上（话术时长为2~3分钟）。

强调产品性价比的话术：_____

_____

_____

突出产品工艺水平的话术：_____

_____

_____

传递产品品牌价值的话术：_____

_____

_____

赋予产品情感价值的话术：_____
_____
_____

> 📧 **实践小贴士**

产品价值介绍方法

下面将根据无骨鸡爪信息汇总，分别通过强调产品性价比、突出产品工艺水平、传递产品品牌价值、赋予产品情感价值等方法来介绍产品价值，具体如下。

1. 强调产品性价比

强调产品性价比是指通过强调产品的性能与价格之比，突出产品的可购买性，产品的性能越好，价格越低，性价比就越高，用户也越容易下单。

可以强调无骨鸡爪的规格和价格之间的关系来突出产品性价比，主播可以这样说："直播间的这款无骨鸡爪每罐500克，今天下单买一罐送一罐，到手两罐共1000克，只要39.9元！物超所值！心动的朋友们赶快下单。"

2. 突出产品工艺水平

突出产品工艺水平是指通过强调先进的产品制作工艺来介绍产品价值的方法。产品工艺水平越高，产品价值越大，用户越容易下单。

可以突出无骨鸡爪的先进制作工艺来介绍产品价值，主播可以这样说："我们直播间的这款鸡爪全部都是依托现代化工厂，精挑细选出好鸡爪，清洗干净后，加特制香料卤熟，再手工精细剔骨，入卤汤冷泡18小时秘制而成的。每一道工序都符合国家标准，请大家放心购买。"

3. 传递产品品牌价值

传递产品品牌价值是指通过强调产品品牌在品牌成立时间、品牌口碑、品牌影响力等方面优于同类竞争品牌来介绍产品价值的方法。

可以向用户介绍无骨鸡爪品牌的成立时间和品牌影响力来传递产品品牌价值，主播可以这样说："我们这款无骨鸡爪已经销售了20多年了，品牌荣获2022年食品行业年度影响力品牌和年度匠心制作标杆品牌。"

4. 赋予产品情感价值

赋予产品情感价值是指介绍产品价值时可以赋予产品情感意义，如讲解与产品相关的典故故事、诗词、歌曲等,引起用户的情感共鸣,有效加强用户对产品的记忆,进一步提高产品销量。

可以讲解与无骨鸡爪相关的典故来介绍产品价值,主播可以这样说:"传说《吕氏春秋》中有这样一段记载:'善学者,若齐王之食鸡也,必食其跖数千而后足。虽不足,犹若有跖。'也就是说,善于学习的人,就跟齐宣王吃鸡一样,必须要吃几千个鸡爪才能得以满足,就算尚未满足,知识仍然像是有鸡爪吃一样可以接着学。没想到鸡爪有这么悠久的历史,连古代帝王都爱吃,你们确定不试一试吗?"

四、产品介绍直播

产品介绍直播是指主播在直播时通过各种产品介绍话术,设计合适的演示方法,向用户介绍产品,吸引用户下单的过程。在产品介绍直播过程中,除了运用产品介绍话术,主播还需要设计合适的演示方法,让直播氛围更加活跃,增强直播感染力。通常在直播过程中,主播会通过全方位展示产品细节、亲自试吃/试用产品、灵活运用手势和表情等演示方法来介绍产品。

请根据以上内容,整理鲜花饼的介绍话术,设计合适的演示方法,完成鲜花饼的介绍直播脚本(见表 3-5),并在直播实训室进行鲜花饼的介绍直播(产品介绍直播时长为 5~10 分钟)。

表3-5 鲜花饼的介绍直播脚本

具体时间	环节	话术内容	备注(演示方法)
	产品引入		
	产品卖点介绍		
	产品价值介绍		

> 实践小贴士

产品介绍直播演示方法

1. 全方位展示产品细节

全方位展示产品细节是指主播在介绍产品的过程中,通过向用户展示产品的外观、大小、颜色、材质等,让用户能够近距离、全方位地观察到产品细节,提升对产品的认知度。在这一过程中,主播通常会用双手拿着产品展示产品细节,同时会进行产品介绍。

例如,在介绍无骨鸡爪时,主播可以一只手拿着一罐无骨鸡爪,另一只手拧开瓶盖,向用户展示罐里的无骨鸡爪的颜色、大小。

2. 亲自试吃/试用产品

亲自试吃/试用产品是指主播在介绍产品的过程中,为了提升用户对产品的信任感,亲自试吃/试用产品。在这一过程中,主播通常会亲自品尝/使用产品,为用户提供真实的食用/使用体验和口味/使用参考价值。

例如,在介绍无骨鸡爪时,主播可以将3罐不同口味的无骨鸡爪都打开,然后在分别介绍3种口味时,一一试吃相应的鸡爪,并告知用户每种鸡爪的口感和味道。

3. 灵活运用手势和表情

灵活运用手势和表情是指主播在介绍产品的过程中,为了可以将自己的指令、意向更加清晰地传达给用户,灵活运用手势和表情,达到影响用户的目的。

例如,在介绍无骨鸡爪时,主播可以用"竖起大拇指"的手势表示无骨鸡爪的品质和口感不错;也可以在试吃各种口味的无骨鸡爪时,脸上露出不同的表情。在吃到川辣味的无骨鸡爪时,可以配合"被辣到了"的表情来反映该种口味无骨鸡爪的辣度,吸引喜欢吃辣的用户下单。

任务拓展

请根据西湖龙井茶信息汇总,再结合上述内容,在直播实训室完成西湖龙井茶的介绍直播,包括产品引入、产品卖点介绍、产品价值介绍三个环节,并对这三个环节进行具体时间安排、产品介绍话术设计和演示方法设计(产品介绍直播时长为5~10分钟)。

知识拓展

主播挖掘用户痛点的方法

主播若想打造高质量的直播内容，需要抓住用户的需求和痛点。只有当直播内容击中用户的需求和痛点时，才能持续吸引用户停留在直播间观看，从而提高产品销量。在挖掘用户痛点时，主播可以尝试以下几种方法。

1. 建立情感连接，与用户产生共鸣

情感是连接主播和用户的纽带。对于很多观看直播的用户来说，喜欢某个主播的原因是能够从主播身上找到情感寄托。主播应根据自身的特点和优势，向用户传递特别的价值，与用户建立深层次的情感连接，产生共鸣。

2. 创造符合用户心理预期的内容

优质且符合用户心理预期的直播内容是促使用户转发分享直播间的关键。一方面，主播在直播过程中要通过介绍产品细节让用户感受到主播的用心和真诚；另一方面，除既定的直播内容之外，主播还要能够让用户有其他收获，给用户带来更好的观看体验。

3. 站在用户的角度思考问题

换位思考及设身处地地为用户着想，更能够打动用户。主播在销售产品的过程中，要思考用户所关心的问题是什么，然后通过展示产品细节、强调所提供的相关服务等，逐渐打消用户的疑虑，从而建立起与用户之间的信任，增强用户黏性。

任务评价

根据表3-6的实践内容，学生进行实践自评，教师根据学生的实践情况进行评价。

表3-6 产品介绍评价表

实践	实践内容	实践自评	教师评价
产品引入	能用直述式话术引入产品	□能够掌握 □有点掌握 □完全不会	□优秀 □良好 □一般 □有待改进
	能用引导式话术引入产品	□能够掌握 □有点掌握 □完全不会	

续表

步骤	实践内容	实践自评	教师评价
产品卖点介绍	能用 FABE 法则提炼产品卖点	□能够掌握 □有点掌握 □完全不会	□优秀 □良好 □一般 □有待改进
	能用直述式讲解的方法介绍产品卖点	□能够掌握 □有点掌握 □完全不会	
	能用构建使用场景的方法介绍产品卖点	□能够掌握 □有点掌握 □完全不会	
	能用创设问题反问的方法介绍产品卖点	□能够掌握 □有点掌握 □完全不会	
	能用同类产品对比的方法介绍产品卖点	□能够掌握 □有点掌握 □完全不会	
产品价值介绍	能用强调产品性价比的方法介绍产品价值	□能够掌握 □有点掌握 □完全不会	□优秀 □良好 □一般 □有待改进
	能用突出产品工艺水平的方法介绍产品价值	□能够掌握 □有点掌握 □完全不会	
	能用传递产品品牌价值的方法介绍产品价值	□能够掌握 □有点掌握 □完全不会	
	能用赋予产品情感价值的方法介绍产品价值	□能够掌握 □有点掌握 □完全不会	
产品介绍直播	能用合适的演示方法配合产品介绍直播	□能够掌握 □有点掌握 □完全不会	□优秀 □良好 □一般 □有待改进

实践任务二 产品活动介绍

📖 任务描述

林畅在完成产品介绍之后,需要根据产品运营所提供的鲜花饼信息汇总,向用户介绍本次"零食狂欢节"直播活动的活动形式、规则及优惠力度。

📚 任务目标

1. 根据产品活动引入话术,能够引入产品活动。
2. 根据产品活动具体介绍的方法,能够完成产品活动的具体介绍。
3. 根据设计好的产品活动引入话术和产品活动具体介绍话术,设计产品活动介绍直播演示方法,完成产品活动介绍直播。

🖱 任务实践

一、产品活动引入

在完成产品介绍之后,需要引入产品活动。主播通过产品活动引入话术,可以调动用户对产品活动的兴趣,提高直播间的用户留存率。通常主播会使用直述式话术和话题式话术引入产品活动。请根据产品运营提供的鲜花饼信息汇总,帮助林畅写出引入产品活动的直述式话术和话题式话术(话术时长为30~60秒)。

直述式话术:_____

_____

_____

话题式话术:_____

_____

_____

📢 **实践小贴士**

产品活动引入话术

1. 直述式话术

直述式话术是指主播在介绍完产品的基础信息后,直接告知用户直播间内产品的优惠活动,吸引用户下单购买。

主播可以这样说:"这款冬枣清甜酥脆,在直播间购买两件享受8折的活动福利。原价40元一箱,现在下单,两箱只需要64元,价格很划算,喜欢的朋友要抓紧机会。"

2. 话题式话术

话题式话术一般是指主播通过抛出一个大家都感兴趣的话题,激发用户的参与热情,从而引出产品活动。

主播可以这样说:"大家有没有吃到过不软、味道酸涩的青梅?吃起来没有水分,一点儿也不脆。今天的这款青梅保留了青梅原果的浓郁风味,果肉厚实,口感丰富独特,吃起来口口爽脆,酸甜适宜,而且今天直播间有买2赠1的活动,价格优惠,爱吃青梅的朋友们千万不要错过。"

二、产品活动具体介绍

在完成产品活动引入之后,需要介绍产品活动的具体信息。主播通过产品活动具体介绍话术,可以让用户了解活动形式,提高用户参与活动的积极性,吸引用户购买。通常主播会使用说明产品活动形式、强调产品活动规则、突出产品活动优惠力度等方法来具体介绍产品活动。请根据产品运营提供的鲜花饼信息汇总,帮助林畅写出产品活动具体介绍话术(话术时长为30~60秒)。

说明产品活动形式的话术:_____

_____

_____

强调产品活动规则的话术:_____

_____

_____

突出产品活动优惠力度的话术：_____
_____
_____

> **实践小贴士**

产品活动具体介绍的方法

1. 说明产品活动形式

主播在具体介绍产品活动时，需要向用户说明产品活动形式，如店铺满100元减10元，借助产品低价优势打动用户，进一步提高产品销售额。

主播可以这样说："朋友们，这款脐橙的果肉细嫩，果香浓郁诱人，而且今天直播下单购买脐橙有优惠，满两件打8折哦，购买两件更划算。另外，这款脐橙还参与平台跨店满200元减20元的活动，今天下单购买真的超值。"

2. 强调产品活动规则

主播除告知用户产品活动形式外，还需要强调产品活动规则（如产品活动的时间等），让用户了解活动规则，从而保证活动顺利开展，增加产品的销量。

主播可以这样说："朋友们，这款手撕牛肉嚼劲十足，今天关注直播间买一送一，优惠活动截至今晚12点，过时恢复原价，有需求且喜欢这款小零食的朋友们要抓紧时间下单啦。"

3. 突出产品活动优惠力度

主播在介绍完产品活动后，需要反复强调此次直播间产品活动的优惠力度，如与平时价格对比等，让用户觉得物超所值，从而促进销量。

主播可以这样说："这款烤肠精选猪后腿肉，健康美味，而且这款产品平时价格为35元/包，今晚直播间30元两包，现在下单购买很划算。"

三、产品活动介绍直播

产品活动介绍直播是指主播在直播时通过各种产品活动介绍话术，设计合适的演示方法，为用户介绍产品活动内容，吸引用户下单的过程。在产品活动介绍直播过程中，除了运用产品活动介绍话术，主播还需要设计合适的演示方法，让直播氛围更加活跃，增强直播感染力。

通常在直播过程中，主播会通过借助辅助道具、手部动作演示等演示方法来介绍产品。

请根据以上内容，整理鲜花饼的活动介绍话术，设计合适的演示方法，完成鲜花饼活动介绍直播脚本（见表3-7），并在直播实训室进行鲜花饼的活动介绍直播（产品活动介绍直播时长为1~3分钟）。

表3-7 鲜花饼活动介绍直播脚本

具体时间	环节	话术内容	备注（演示方法）
	产品活动引入		
	产品活动具体介绍		

> **实践小贴士**

产品活动介绍直播演示方法

1. 借助辅助道具

主播在介绍产品活动时，通过借助辅助道具，如该款产品在线下商超售卖价格的实拍照片，或者线上电商平台的官网售卖价格截图展示其他售卖价格，并突出展示直播间该款产品的售卖价格，通过价格对比，让用户更加直观地了解产品活动的优惠力度，激发用户的购买欲望。

例如，在介绍无骨鸡爪的优惠产品价格时，主播通过特写镜头展现出无骨鸡爪在线下商超和线上电商平台的售卖价格，并以此作为参考突出直播间产品的优惠价格，吸引用户购买。

2. 手部动作演示

主播在介绍产品活动的过程中，除语言讲解之外，还可以加上手部动作进行生动讲解，以此来提升用户的认知度和信赖感。

> 例如，主播在讲解无骨鸡爪的优惠价格时，可以用手在计算器上打出无骨鸡爪的原价并计算出折算后的优惠价格，让用户直观了解产品的优惠价格并下单购买。

任务拓展

请根据西湖龙井茶信息汇总，再结合上述内容，在直播实训室完成西湖龙井茶"品春茶 幸福行"活动的活动介绍直播，包括产品活动引入、产品活动具体介绍两个环节，并对这两个环节进行具体时间安排、产品活动介绍话术设计和演示方法设计（产品活动介绍直播时长为1~3分钟）。

知识拓展

介绍产品活动的技巧

1. 介绍产品活动形式

主播在介绍直播间的产品活动形式时可以参考运用两个公式："利益点+支持点+促销点""特点+利益点+促销点"。

（1）利益点+支持点+促销点。

主播可以这样说："这款电解质水有助于维持身体内的电解质平衡，使机体维持较好的水合状态，因为每瓶水中含有200毫克以上的电解质，以及适量的维生素E和维生素B6，今晚直播间5折优惠。"

（2）特点+利益点+促销点。

主播可以这样说："这款鸡胸肉的蛋白质含量比国家标准还高出近1倍，能够补充锻炼所需要的蛋白质。今晚直播间买一送一。"

2. 介绍产品活动规则

主播在介绍产品活动规则时一定要简单明了，让用户一听就能明白，如"全场产品8折，明晚8点直播间抢购""直播间产品满300元减30元"。

3. 介绍产品活动优惠策略

主播在介绍产品活动优惠策略时可以参考运用公式"产品优惠=用户感知超值+价格超值+赠品超值+心理超值"，如"购买这款坚果水果燕麦片享8折优惠，并且下单即送勺子和杯子各1个，周五晚8点直播间准时开抢"。

任务评价

根据表 3-8 的实践内容,学生进行实践自评,教师根据学生的实践情况进行评价。

表 3-8 产品活动介绍评价表

实践	实践内容	实践自评	教师评价
产品活动引入	能用直述式话术引入产品活动	□能够掌握 □有点掌握 □完全不会	□优秀 □良好 □一般 □有待改进
	能用话题式话术引入产品活动	□能够掌握 □有点掌握 □完全不会	
产品活动具体介绍	能用说明产品活动形式的方法介绍产品活动	□能够掌握 □有点掌握 □完全不会	□优秀 □良好 □一般 □有待改进
	能用强调产品活动规则的方法介绍产品活动	□能够掌握 □有点掌握 □完全不会	
	能用突出产品活动优惠力度的方法介绍产品活动	□能够掌握 □有点掌握 □完全不会	
产品活动介绍直播	能用合适的演示方法配合产品活动介绍直播	□能够掌握 □有点掌握 □完全不会	□优秀 □良好 □一般 □有待改进

实践任务三 产品促单

📓 任务描述

林畅在完成产品活动介绍之后，需要根据产品运营所提供的鲜花饼信息汇总，进行产品促单，实现产品交易。

📚 任务目标

1. 根据营造紧迫氛围的办法，能够在直播间营造出紧迫的氛围。
2. 根据促成订单的方法，能够完成促单话术的设计。
3. 根据设计好的营造紧迫氛围话术和促成订单话术，设计产品促单直播演示方法，完成产品促单直播。

🖱 任务实践

一、营造紧迫氛围

在完成产品活动介绍之后，需要营造紧迫的直播氛围。主播通过营造紧迫氛围的话术，可以营造紧迫的直播氛围，抓住用户的心理，吸引用户购买产品。通常主播会使用限时限量话术、剩余库存类话术、清理库存类话术来营造紧迫氛围。请根据产品运营提供的鲜花饼信息汇总，帮助林畅写出营造紧迫氛围的话术（话术时长为30～60秒）。

限时限量话术：_____

_____

_____

剩余库存类话术：_____

_____

_____

清理库存类话术：_____

_____

_____

> 📢 **实践小贴士**
>
> **营造紧迫氛围的话术**
>
> **1. 限时限量话术**
>
> 限时限量话术是指主播可以直接告知用户产品数量有限，同时限定时间，让用户在限定时间内购买，超时后商品即刻恢复原价。限时限量话术可以营造产品的稀缺感且让用户产生紧迫感，并且也可以延长用户在直播间的停留时间。
>
> 主播可以这样说："这款迷你烤香肠是直播间的热销产品，今天直播间的数量不多，库存只有300件，喜欢吃烤香肠的朋友们不要犹豫了，产品数量有限，抢完就恢复原价，欲购从速。"
>
> **2. 剩余库存类话术**
>
> 剩余库存类话术是指主播在上产品购买链接前，报出具体的库存数量，并不断提醒用户剩余的库存数量，引导用户尽快下单。
>
> 主播可以这样说："今天这款蛋黄酥只有200单，朋友们点击小黄车1号链接就可以购买，还剩150单、80单，大家抓紧时间，马上就没有啦。"
>
> **3. 清理库存类话术**
>
> 清理库存类话术是指产品上链接后暂时售完，直播间的部分用户没有抢到产品，主播告知用户将关闭还未付款的订单，清理库存，放出部分产品。清理库存类话术可以营造产品的稀缺感，还可以提醒刚进入直播间的用户"捡漏"。
>
> 主播可以这样说："朋友们很热情啊，目前这款牛肉干已经没有库存了，现在帮大家清一下没有付款的订单，没有抢到的朋友们还有机会哦，新进直播间的朋友们也可以去小黄车购买。"

二、促成订单

完成营造紧迫的直播氛围之后，需要进一步促成订单。主播通过促成订单的话术，可以打消用户的顾虑,缩短用户思考的时间,提高产品的销量。通常主播会使用快速重复核心卖点、用产品保障打消用户疑虑等方法促成订单。请根据产品运营提供的鲜花饼信息汇总,帮助林畅写出促成订单话术(话术时长为30~60秒)。

快速重复核心卖点的话术:_____

_____

_____

用产品保障打消用户疑虑的话术:_____

_____

_____

实践小贴士

促成订单的方法

1. 快速重复核心卖点

主播在促单的时间段里要尽可能简单快速地重复产品的核心卖点,将之前介绍产品卖点的话术进行总结概括,目的是再次强调产品的核心卖点,并引导新进直播间的用户下单。

主播可以这样说:"这款鲜虾饼每口都能吃到大块虾肉,配料干净,营养丰富,做法简单,五分钟就能快速上桌,数量不多,喜欢的朋友们快下单吧。"

2. 用产品保障打消用户疑虑

主播可以通过向用户介绍产品的包装、物流服务等核心信息,进一步打消用户对产品的疑虑,也可以详细说明提供的售后服务,如"7天无理由退换货",让用户放心下单。

主播可以这样说:"这款黄油鸡蛋卷内部采用独立包装,外部用铁罐保护锁鲜。如果收到货后发现存在商品漏发、少发,或者包装破损、产品变质等问题,请联系客服,我们会及时为您处理。"

三、产品促单直播

产品促单直播是指主播在直播时通过各种产品促单话术,设计合适的演示方法,营造紧迫的直播氛围,促使用户下单的过程。在产品促单直播过程中,除了运用产品促单话术,主播还需要设计合适的演示方法,让直播氛围更加活跃,增强直播感染力。通常在直播过程中,主播会通过借助促销道具、手势演示等演示方法来完成产品促单。

请根据以上内容，整理鲜花饼的促单话术，设计合适的演示方法，完成鲜花饼的促单直播脚本（见表3-9），并在直播实训室进行鲜花饼的促单直播（促单直播时长为1～3分钟）。

表3-9 鲜花饼的促单直播脚本

具体时间	环节	话术内容	备注（演示方法）
	营造紧迫氛围		
	促成订单		

> **实践小贴士**

产品促单直播演示方法

1. 借助促销道具

主播促单时可以借助促销道具，或者借助背景音效，烘托出直播间热闹紧张的氛围，激起粉丝的购物欲望。

例如，主播在促单时可以让其他工作人员拿着标有"下单""福利"等字样的促销指示牌，或者播放具有较强节奏感的背景音乐，烘托出直播间的热闹氛围，促使用户尽快下单。

2. 手势演示

主播在与直播间用户进行交流沟通时，手势的运用也是较为频繁的。主播在促单时要提升语调，表情积极，多加手势动作进行促单，提高直播间用户下单的积极性。

例如，主播在进行产品促单时，手可以指向左下角的"小黄车"图标，手机对着屏幕向下倾斜45°角，放在摄像头前向用户介绍如何点击产品链接并下单。

任务拓展

请根据西湖龙井茶信息汇总，再结合上述内容，在直播实训室完成西湖龙井茶的促单直播，包括营造紧迫氛围、促成订单两个环节，并对这两个环节进行具体时间安排、产品促单话术设计和演示方法设计（产品促单直播时长为1~3分钟）。

知识拓展

产品促单话术的要点

产品促单话术是为了让用户产生一种害怕错过的心理，促使用户尽快下单。因此，主播在设计产品促单话术时应把握以下几个要点。

1. 强调产品优势

用户购买产品的重要原因是产品可以满足他的需求，因此主播在设计产品促单话术时一定要帮助用户进一步确定自己对商品的需求，强调产品所具有的优势，激起用户的购买欲望，使用户在购买欲望达到最大时迅速下单购买。主播强调产品的优势不仅可以抓住用户的痛点，还可以创造用户需求，最终促使用户下单。

2. 展示价格优势

主播可以展示同款产品在线下商超的售卖价格及在线上各大电商平台的售卖价格，通过直播间价格与其他渠道售卖价格的对比，营造价格优势，让用户真切地感受到产品价格的实惠。

主播可以这样说："这款蛋黄酥在线下商超一盒售卖的价格是35元，某电商平台官方旗舰店一盒的售卖价格是33元，今天直播间用户享受三盒59元的优惠，第一盒33元，第二盒26元，第三盒0元，真的超值。"

3. 说明产品服务

部分用户可能会因为产生疑虑而犹豫是否购买，此时主播要向用户说明购买产品可享受的服务，如"7天无理由退换货""提供运费险"等，让用户没有后顾之忧，可以放心下单。

任务评价

根据表3-10的实践内容，学生进行实践自评，教师根据学生的实践情况进行评价。

表 3-10 产品促单评价表

实践	实践内容	实践自评	教师评价
营造紧迫氛围	能用限时限量话术营造紧迫氛围	□能够掌握 □有点掌握 □完全不会	□优秀 □良好 □一般 □有待改进
	能用剩余库存类话术营造紧迫氛围	□能够掌握 □有点掌握 □完全不会	
	能用清理库存类话术营造紧迫氛围	□能够掌握 □有点掌握 □完全不会	
促成订单	能用快速重复核心卖点的方法促成订单	□能够掌握 □有点掌握 □完全不会	□优秀 □良好 □一般 □有待改进
	能用用产品保障打消用户疑虑的方法促成订单	□能够掌握 □有点掌握 □完全不会	
产品促单直播	能用合适的演示方法配合产品促单直播	□能够掌握 □有点掌握 □完全不会	□优秀 □良好 □一般 □有待改进

职业视窗

规范直播带货话术，建设良性网络直播生态

党的二十大报告提出，加快发展数字经济，促进数字经济和实体经济深度融合，打造具有国际竞争力的数字产业集群。电商直播作为数字经济领域的重要组成部分，在加快数字经济发展、推动企业数字化转型等方面发挥着重要的作用。然而，伴随着电商直播行业的蓬勃发展，虚假宣传、价格误导、言行失当等违法违规问题日益增多。因此，为了能够确保数字经济的高质量发展，推动企业数字化转型，还需要加强电商直播监管和治理措施。

某用户在抖音平台开设店铺，上架虾皮产品，不仅在产品标题上标注"补钙"字样，还在商品详情页图片中标注"打粉做辅食，补钙"等字样，并邀请"网红"使用公司抖音账号在公司的直播间直播带货虾皮，虚假宣传虾皮的营养是鸡蛋的3倍、牛奶的10倍。

由于其在抖音发布虚假广告的行为违反了《中华人民共和国广告法》第二十八条第二款第（二）项的规定，根据《中华人民共和国广告法》第五十五条第一款、《中华人民共和国行政处罚法》第三十二条第（五）项的规定，2022年6月，当地市场监督管理局分局对其做出行政处罚的决定。

为规范直播带货话术，加强对网络直播营利行为的规范性引导，鼓励支持网络直播依法合规经营，促进网络直播行业在发展中规范，在规范中发展，国家互联网信息办公室、国家税务总局、国家市场监督管理总局联合制定了《关于进一步规范网络直播营利行为促进行业健康发展的意见》（以下简称《意见》）。

《意见》对网络直播营销行为做出了相关规定：加强网络直播销售产品质量安全监管，网络直播发布者、网络直播服务机构严禁利用网络直播平台销售假冒伪劣产品，不得进行虚假或引人误解的商业宣传，欺骗、误导消费者或相关公众，不得帮助其他经营者实施上述行为，而应当全面、真实、准确地披露商品或服务信息，保障消费者的知情权和选择权，对直接关系消费者生命安全的重要消费信息进行必要、清晰的提示。相信随着相关法律法规的逐步完善和监管部门整治工作的不断推进，网络直播行业将得到进一步规范。健康良性的网络直播生态，将真正为人们的生活提供高品质的服务。

项目检测一

一、单选题

1. 下面属于强调产品性价比的一项是（　　）。
    A．"这款产品今天下单买一送一，到手只要39.9元"
    B．"这款鸡爪全部都是依托现代化工厂，精挑细选活鸡鸡爪制作的"
    C．"我们这款无骨鸡爪已经销售20多年了，连续30天好评率达到了99.9%"
    D．"我们的品牌是2022年食品行业年度影响力品牌"

2. 下面属于直述式引入产品的话术是（　　）。
    A．"今天给大家带来一款肉质饱满、紧实，口感筋道的网红零食无骨鸡爪"
    B．"大家最喜欢吃的零食有什么呢"
    C．"马上到6月1日了，喜欢吃零食的宝宝们有口福了"
    D．"鸡爪怎么做好吃呢？你喜欢吃什么口味的鸡爪呢"

3. 主播可以使用FABE法则提炼产品卖点，其中B是（　　）。

A．特征　　B．利益　　C．优点　　D．证据

二、多选题

1. 主播在设计产品促单话术时要把握（　　）要点。
   A．强调产品优势　　　　B．展示价格优势
   C．强调产品属性　　　　D．说明产品服务

2. 主播挖掘用户痛点的方法包括（　　）。
   A．建立情感连接，与用户产生共鸣
   B．创造符合用户心理预期的内容
   C．站在用户的角度思考问题
   D．从自我感受及需求出发

3. 产品活动介绍的技巧包括（　　）。
   A．介绍产品活动形式
   B．介绍产品制作方法
   C．介绍产品活动规则
   D．介绍产品活动优惠策略

三、判断题

1. 在介绍无骨鸡爪时，主播可以一只手拿着一罐无骨鸡爪，另一只手拧开瓶盖，向用户展示罐里的无骨鸡爪的颜色、大小。（　　）

2. 主播仅凭推测就可以向用户讲解产品的口感和味道，为用户提供真实的食用体验。（　　）

3. FABE法则中，A代表特征，即产品的特质、特性等最基本功能。（　　）

四、实践操作

请结合所学知识，通过网络搜索丹东草莓的相关信息，使用FABE法则完成丹东草莓的卖点提炼，填写表3-11。

表3-11　丹东草莓的卖点提炼

丹东草莓	F	A	B	E
卖点1				
卖点2				
卖点3				

项目检测二

一、单选题

1. 主播根据产品运营提供的产品信息汇总，使用（　　）提炼产品卖点。
   A．FABE 法则　　　　　　B．FACD 法则
   C．FCBE 法则　　　　　　D．FUBC 法则

2. 下面不属于产品活动优惠力度介绍的是（　　）。
   A．"今天直播下单购买脐橙有优惠，满两件打 8 折"
   B．"这款产品今晚直播间有活动，会员福利价 8.9 折"
   C．"这款烤肠精选猪后腿肉，健康美味，现在下单购买很划算"
   D．"现在下单购买产品可享受买一送一的优惠"

3. 下列不属于营造紧迫氛围话术的是（　　）。
   A．限时限量话术　　　　　B．剩余库存类话术
   C．日常价格话术　　　　　D．清理库存类话术

二、多选题

1. 主播在介绍产品价值时常用的方法有（　　）。
   A．赋予产品情感价值　　　B．强调产品性价比
   C．突出产品工艺水平　　　D．传递产品品牌价值

2. 主播在介绍产品时，除了使用介绍话术，还可以通过（　　）来介绍产品。
   A．展示产品细节
   B．亲自试吃产品
   C．使用"欢迎"道具
   D．灵活运用手势和表情

3. 主播在介绍直播间的产品活动形式时可以参考（　　）公式。
   A．"功能+规格+物流方式"
   B．"利益点+支持点+促销点"
   C．"特点+利益点+促销点"
   D．"制作方式+功能+规格"

三、判断题

1. 为了打消用户的疑虑，主播可以向用户介绍产品的包装、物流服务、售后服务等产品

保障服务内容。（　　）

2．主播通过营造直播氛围的话术，可以抓住用户的心理，吸引用户购买产品。（　　）

3．提炼产品卖点是指从产品的产地、制作工艺、包装、价格等方面，提炼出产品的优势及与竞争对手一致的卖点。（　　）

四、实践操作

请结合所学知识，模拟一场产品促单直播，内容包括营造紧迫氛围的话术、促成订单话术两部分，并在直播实训室进行产品促单直播，填写表3-12。

表3-12　产品促单直播脚本

具体时间	环节	话术内容	备注（演示方法）
	营造紧迫氛围		
	促成订单		

实践项目四

直播互动

项目情景

完成产品直播推介后,需要进行直播互动。为了能够实现直播的最终目的——销售产品,企业在直播时会安排主播进行直播互动。主播应运用优秀的直播互动话术,吸引用户进入直播间,将产品展示给用户,并通过活跃直播氛围的方式,激发用户的参与热情。与此同时,主播也要善于引导用户在良好的互动中关注直播间,使用户成为直播间的忠实用户,并不断增强用户黏性。

某零食公司在 6 月 1 日有一场"零食狂欢节"的直播活动,为了积累沉淀更多的用户,公司安排主播林畅在"零食狂欢节"直播活动中引导用户关注直播间并参与相关活动。在直播前,林畅需要了解、掌握直播互动的相关技巧,并设计直播引导话术、直播活动话术、福利活动话术、突发状况处理话术,从而实现用户的转化。

项目实践导图

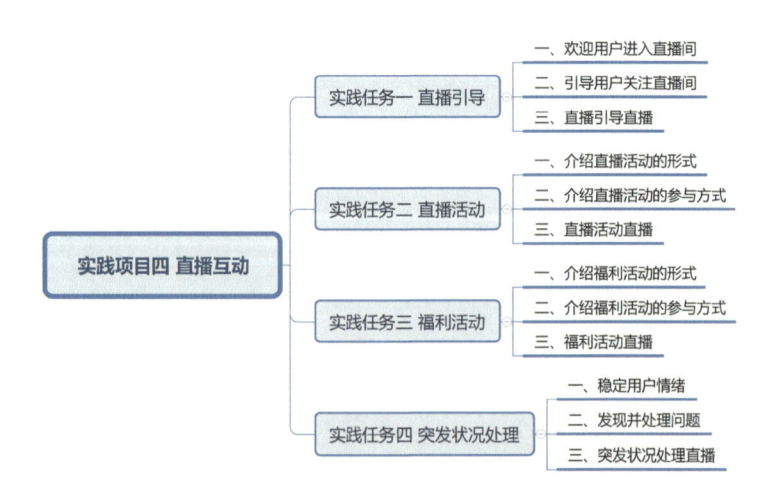

- **实践项目四 直播互动**
  - **实践任务一 直播引导**
    - 一、欢迎用户进入直播间
    - 二、引导用户关注直播间
    - 三、直播引导直播
  - **实践任务二 直播活动**
    - 一、介绍直播活动的形式
    - 二、介绍直播活动的参与方式
    - 三、直播活动直播
  - **实践任务三 福利活动**
    - 一、介绍福利活动的形式
    - 二、介绍福利活动的参与方式
    - 三、福利活动直播
  - **实践任务四 突发状况处理**
    - 一、稳定用户情绪
    - 二、发现并处理问题
    - 三、突发状况处理直播

实践任务一 直播引导

任务描述

"零食狂欢节"直播活动任务下发后,产品运营给了林畅一份直播活动的产品信息汇总表(见表4-1),包括产品名称、产品价格、优惠结构等信息。在直播过程中,林畅先要对进入直播间的用户表示欢迎,然后引导用户关注直播间,并向用户介绍关注直播间后可享受的粉丝福利及产品优惠信息。

表4-1 直播活动的产品信息汇总表

直播时间	6月1日 18:00-21:00								
直播标题	零食狂欢节								
通场利润点	为粉丝谋福利								

序号	时间点	时长	类别	产品名称	产品价格	优惠结构	规格	互动方式	直播内容
1	18:00	10分钟	开场	介绍本场直播内容流程/预热					
2	18:10	10分钟		土豆原切款薯片	2盒7.9元	拍2盒送250克 拍3盒送500克	500克/盒	粉丝互动	产品介绍
3	18:20	10分钟		乳酸菌布丁	32个22.9元	拍2份送5个混合口味布丁 拍3份送10个混合口味布丁	32个混合口味		产品介绍
4	18:30	10分钟		大辣片	7包19.9元	拍5包送1包,拍7包送3包	10片/包		产品介绍
5	18:40	10分钟		每日纯黑巧克力	2盒19.9元	拍2盒送5片,拍3盒送8片	12克/盒,50克/片		产品介绍
6	18:50	10分钟		鸭脖	23.9元/袋	23.9元/袋 2袋28.9元 3袋29.9元	180克/袋	连麦	产品介绍
7	19:00	10分钟	小零食	麻辣零食礼包	33.9元/箱	买一箱送一箱,直播领券3元	8包/箱(400克左右)		产品介绍
8	19:10	10分钟		黄鱼酥	3包49.8元	直播领券10元	60克/包		产品介绍
9	19:20	10分钟		带鱼酥	3包49.8元	直播领券10元	60克/包		产品介绍
10	19:30	10分钟		老婆饼	650克19.9元 1350克32.9元	拍立减5元	小包:650克 大包:1350克		产品介绍
11	19:40	10分钟		冻干榴梿×1 冻干杧果×1 冻干草莓×1	69.8元/套	领券优惠10元	58克/袋(榴梿) 58克/袋(杧果) 38克/袋(草莓)		产品介绍
12	19:50	5分钟		纯冻草莓干×3	3袋45.8元	领券优惠11元	38克/袋(草莓)		产品介绍
13	19:55	5分钟		纯冻杧果干×3	3袋59.8元	领券优惠12元	58克/袋(杧果)		产品介绍
14	20:00	5分钟		日式威化饼干	4盒35.8元	多送一盒	68克/盒		产品介绍
15	20:05	30分钟	主推款	麻辣小龙虾	2盒69.9元	第二件立减5元	800克/盒		产品介绍
16	20:35	15分钟	抽奖	活动抽奖送面膜,在线截图送10份,活跃现场气氛留住用户					
17	20:50	10分钟	小零食	豆乳味蛋白夹心卷	39.1元/盒		100克/盒		产品介绍
18	21:00	10分钟		胶原果吸	79元/盒	领券优惠20元	70克/包 6包/盒		产品介绍

电商直播话术实践

📚 任务目标

1. 根据欢迎用户进入直播间的话术，欢迎用户进入直播间。
2. 根据引导关注话术，引导用户关注直播间。
3. 根据设计好的直接引导关注话术和间接引导关注话术，设计直播引导直播演示方法，完成直播引导直播。

🔖 任务实践

一、欢迎用户进入直播间

在引导用户关注之前，需要对陆续进入直播间的用户表示欢迎。主播通过欢迎用户进入直播间的话术，可以拉近与用户之间的关系，使用户对其产生好感与信任，从而实现流量转化。通常主播会使用突出直播间定位话术、结合用户昵称话术、强调用户账号等级话术对用户进行欢迎。请你帮助林畅写出欢迎用户进入直播间的话术（话术时长为30～60秒）。

突出直播间定位话术：_____

_____

_____

结合用户昵称话术：_____

_____

_____

强调用户账号等级话术：_____

_____

_____

✈ 实践小贴士

> **欢迎用户进入直播间的话术**
>
> 直播开始后，对于每位新进直播间的用户，主播都需要表示热烈的欢迎，让观看直播的用户感受到被关注、被尊重。为了避免欢迎话术过于单一，主播可以根据直播间定位和观看直播的用户的特色来设计具体的欢迎话术。

1. 突出直播间定位话术

在欢迎用户时，围绕直播间定位，向用户强调直播间的风格、特色等，突出该直播间与竞争对手的差异性，使用户能够了解直播间的属性并给其留下深刻印象。

主播可以这样说："欢迎××来到我的零食铺，××直播间就是你的能量补给站，希望我推荐的零食可以为你的身体提供能量，并能让你产生愉悦感和满足感，为你带来一天的好心情。"

2. 结合用户昵称话术

在欢迎用户时，结合用户的昵称，让用户感受到主播对自己的重视，进而对主播产生好感，并持续关注直播内容。

主播可以这样说："欢迎'软萌蛋挞'进入直播间，你的昵称很有趣，看来你很喜欢吃蛋挞，真巧，我也很爱吃呢。"

3. 强调用户账号等级话术

在欢迎用户时，强调老用户的账号等级，突出直播间的受欢迎程度，从而延长新用户在直播间的停留时间。

主播可以这样说："欢迎××进入我的直播间。哇，十级粉丝等级，看来你一直在默默关注着我，感谢老粉的支持。"

二、引导用户关注直播间

对新进入直播间的用户表示欢迎之后，需要引导用户关注直播间。主播通过引导关注话术，可以引导用户关注直播间、加入粉丝群，从而增加账号粉丝，为直播间引流。通常主播会运用直接引导关注话术和间接引导关注话术进行引导。请你结合用户关注直播间的具体操作流程，帮助林畅写出引导用户关注直播间的直接引导关注话术和间接引导关注话术（话术时长为30～60秒）。

直接引导关注话术：_____

_____

间接引导关注话术：_____

_____

> **实践小贴士**
>
> **引导关注话术**
>
> 在直播过程中，会有新的用户不断进入直播间，此时主播就需要合理运用引导关注话术，多次提醒，抓住每个可以让用户关注直播间的机会，为直播间引流。
>
> **1. 直接引导关注话术**
>
> 直接引导关注话术是指主播直接向用户介绍关注直播间的具体操作流程，并悉心引导用户完成关注直播间的操作。
>
> 主播可以这样说："喜欢直播间的朋友们可以点击直播页面左上角的红色'关注'按钮，关注直播间。"
>
> **2. 间接引导关注话术**
>
> 间接引导关注话术是指主播先告诉用户关注直播间的价值及能够享受的优惠福利，然后向用户介绍关注直播间的具体操作流程，并悉心引导用户完成关注直播间的操作。
>
> 主播可以这样说："关注直播间能提前获取各种粉丝福利和零食优惠信息，喜欢直播间的朋友们可以点击直播页面左上角的红色'关注'按钮关注直播间"。

三、直播引导直播

直播引导直播是指主播在直播时运用直播引导话术，设计合适的演示方法，引导用户关注直播间的过程。在直播引导直播过程中，除了运用直播引导话术，主播还需要设计合适的演示方法，提醒用户及时关注直播间。通常在直播过程中，主播会通过口头提醒、手势引导及佩戴饰品或举指示牌引导等演示方法完成直播引导直播。

请根据以上内容，整理直播引导的相关话术，设计合适的演示方法，完成直播引导直播脚本（见表4-2），并在直播实训室进行直播引导直播（直播引导直播时长为1～3分钟）。

表4-2 直播引导直播脚本

具体时间	环节	话术内容	备注（演示方法）
	欢迎用户进入直播间		
	引导用户关注直播间		

实践小贴士

直播引导直播演示方法

1. 口头提醒

口头提醒是主播常用的一种引导用户关注直播间的方式。这样信息传递更加直接明确，会给新进来的观众一种被重视的感觉，容易让用户停留并关注直播间。

主播可以这样说："还没关注直播间的朋友们可以关注下直播间""喜欢直播间的朋友可以点下关注"等。

2. 手势引导

手势引导常用于直播开始后，随着用户陆续进入直播间，主播除口头提醒之外还可以通过具体的手势指引用户关注直播间。

主播可以这样说：主播用手指指向直播页面左上角的"关注"按钮，引导进入直播间的用户点击"关注"按钮关注直播间。

3. 佩戴饰品或举指示牌引导

佩戴饰品或举指示牌引导也是主播引导用户关注直播间的一种方法，其优势在于如果饰品或指示牌制作有特色的话，容易让观众记住，从而关注直播间。

主播可以在头上佩戴"关注直播间"的饰品或借助写有"关注主播不迷路"等引导语的指示牌，引导用户关注直播间。

任务拓展

请根据西湖龙井茶信息汇总，再结合上述内容，在直播实训室完成西湖龙井茶"品春茶 幸福行"活动的直播引导直播，包括欢迎用户进入直播间、引导用户关注直播间两个环节，并对这两个环节进行具体时间安排、直播引导话术设计和演示方法设计（直播引导时长为1~3分钟）。

知识拓展

如何吸引用户关注

人们面对新鲜事物时会有好奇心且容易被吸引。当用户看到一位主播直播时，往往会因为主播的幽默谈吐或直播内容符合自我需求而关注主播或直播间，但如何能让用户持续关注是每位主播都应思考的问题。想要对用户产生更长久的吸引力，核心在于以下两点。

1. 要有自己的特色

主播要有自己的特色，这才是能吸引用户留在直播间的内在原因。如果没有特色，那么一开始就很难从众多直播间中脱颖而出，也无法吸引用户。若想让这种吸引变得更长久，主播需要在保持自己特色的基础上，持续创新突破。

2. 不断创新求变

主播除要有特色之外，还需要不断地创新求变，如学习更多的才艺、掌握更多的技能，从而带给用户更新鲜的体验。

这两点相辅相成、缺一不可。主播要调整好心态，将自己的特色持续发挥，并不断主动改变，只有这样才能一直充满吸引力，并取得成功。

任务评价

根据表4-3的实践内容，学生进行实践自评，教师根据学生的实践情况进行评价。

表 4-3 直播引导评价表

实践	实践内容	实践自评	教师评价
欢迎用户进入直播间	能用突出直播间定位话术欢迎用户进入直播间	□能够掌握 □有点掌握 □完全不会	□优秀 □良好 □一般 □有待改进
	能用结合用户昵称话术欢迎用户进入直播间	□能够掌握 □有点掌握 □完全不会	
	能用强调用户账号等级话术欢迎用户进入直播间	□能够掌握 □有点掌握 □完全不会	
引导用户关注直播间	会用直接引导关注话术引导用户关注直播间	□能够掌握 □有点掌握 □完全不会	□优秀 □良好 □一般 □有待改进
	会用间接引导关注话术引导用户关注直播间	□能够掌握 □有点掌握 □完全不会	
直播引导直播	能用合适的演示方法配合直播引导直播	□能够掌握 □有点掌握 □完全不会	□优秀 □良好 □一般 □有待改进

实践任务二 直播活动

📋 任务描述

林畅在完成直播引导后,需要根据产品运营提供的直播活动的产品信息汇总表(见表4-1),向用户介绍本次"零食狂欢节"直播活动的形式及参与方式。

📚 任务目标

1. 根据直播活动形式的介绍话术,能够对直播活动的形式进行介绍。
2. 根据直播活动参与方式的介绍话术,能够对直播活动的参与方式进行介绍。
3. 根据设计好的直播活动形式的介绍话术和直播活动参与方式的介绍话术,设计相关直播演示方法,完成直播活动直播。

🖱 任务实践

一、介绍直播活动的形式

在产品销售之前,主播需要向直播间的用户介绍本次直播活动的形式。通过直播活动形式的介绍话术,主播可以提高用户的期待,吸引用户参与活动,并进一步强化其与用户之间的连接。通常主播会使用铺垫式话术和直述式话术介绍直播活动的形式。请你根据产品运营提供的直播活动的产品信息汇总表,帮助林畅写出介绍直播活动形式的铺垫式话术和直述式话术(话术时长为30~60秒)。

铺垫式话术:_____

_____

_____

直述式话术:_____

_____

_____

> **实践小贴士**

> **直播活动形式的介绍话术**
>
> 直播活动形式的介绍话术的核心是把活动开展的形式介绍给直播间的用户，为活动造势，以吸引用户的关注，最终提高产品销量。一般情况下，主播可以运用铺垫式话术和直述式话术向直播间的用户介绍直播活动的形式。
>
> 1. 铺垫式话术
>
> 铺垫式话术是指在介绍活动形式前，主播向用户透露本次直播准备的惊喜福利，从而吸引用户的关注，调动用户参与活动的积极性，使用户充满期待。
>
> 主播可以这样说："朋友们，今天我不仅为大家精心挑选了各种零食，还为大家准备了一份特别的惊喜，福利多多，大家可以持续关注我的直播间。"
>
> 2. 直述式话术
>
> 直述式话术是指主播直接向用户介绍直播活动形式，调动用户的积极性，强化活动形式的亮点，以便最大限度地提升用户的体验。
>
> 主播可以这样说："为了感谢直播间朋友们的支持，今天的零食产品均参与直播间周年庆满300元减30元的活动，超值优惠，只为让大家嗨吃过瘾。"

二、介绍直播活动的参与方式

在介绍完直播活动的形式后，主播还需要向直播间的用户介绍本次直播活动的参与方式。主播通过直播活动参与方式的介绍话术，可以有效指引用户参与活动，提高用户的参与感。通常主播会使用需求式话术和利益式话术介绍直播活动的参与方式。请你根据产品运营提供的直播活动的产品信息汇总表，帮助林畅写出介绍直播活动参与方式的需求式话术和利益式话术（话术时长为30～60秒）。

需求式话术：_____

_____

_____

利益式话术：_____

_____

_____

实践小贴士

直播活动参与方式的介绍话术

用户对活动关注与否、想不想参与活动，与活动能否满足其自身需求及其是否能够从活动中得到某种利益有着直接的关系。一般情况下，主播可以运用需求式话术和利益式话术向直播间的用户介绍直播活动的参与方式。

1. 需求式话术

用户关注事物的出发点除好奇之外，大多都立足于自身的需求，因此主播在介绍直播活动的参与方式时，可以以用户需求为核心，如直播间的用户喜欢吃零食，那么主播就可以着重强调零食活动对用户的价值。

主播可以这样说："朋友们，我的直播间里有大朋友和小朋友都爱吃的零食，点击1号链接即可领取优惠券参与店铺活动。"

2. 利益式话术

用户参与活动的出发点是能够得到某种利益或物质上的回报，因此主播直接说出用户所能得到的利益，如在直播间购买产品价格更低，这样就能在用户内心激起涟漪。

主播可以这样说："今天店铺周年庆活动，零食满100元减30元，朋友们点击2号链接即可领取店铺优惠券，下单立减。"

三、直播活动直播

直播活动直播是指主播在直播时运用直播活动话术，设计合适的演示方法向用户介绍直播活动的形式及参与方式的过程。在直播活动直播过程中，除了运用直播活动话术，主播还需要设计合适的演示方法，告知用户如何参与直播活动，提高用户参与活动的积极性。通常在直播过程中，主播会通过丰富面部表情、增加引导动作等演示方法来引导用户参与直播活动。

请根据以上内容，整理直播活动的相关话术，设计合适的演示方法，完成直播活动直播脚本（见表 4-4），并在直播实训室进行直播活动直播（直播活动直播时长为 1～3 分钟）。

表 4-4　直播活动直播脚本

具体时间	环节	话术内容	备注（演示方法）
	介绍直播活动的形式		
	介绍直播活动的参与方式		

> 实践小贴士

直播活动直播演示方法

主播在介绍直播活动时，表情和动作的密切配合能够达到很好的直播效果。有时主播的一个表情或动作就能胜过各种话语，产生无声胜有声的效果，因此主播要运用好表情及动作，让直播更加生动活泼、有趣，更加有观赏性。

1. 丰富面部表情

直播是主播和用户沟通互动最重要的桥梁，主播在介绍直播活动的时候要融入丰富的面部表情，如笑容热情，营造浓厚的活动氛围，吸引用户参与活动。

例如，主播脸上洋溢着开心的笑容，向直播间的用户介绍："朋友们，直播间周年庆活动，零食种类多样，福利多多，不容错过。"

2. 增加引导动作

主播在向用户介绍直播活动的参与方式时，可以借助手势和其他道具，详细向用户演示参与活动的流程。

例如，主播将手机对着屏幕向下倾斜45°角放在摄像头前，手指向右下角示意点开购物车，然后说："朋友们，点击右下角的购物车，点击1号链接，进入详情页往下滑，看到50元的优惠券后点击领取即可。"

任务拓展

请根据西湖龙井茶信息汇总，再结合上述内容，在直播实训室完成西湖龙井茶"品春茶 幸福行"活动的直播活动直播，包括向用户介绍直播活动的形式、介绍直播活动的参与方式两个环节，并对这两个环节进行具体时间安排、直播活动话术设计和演示方法设计（直播活动直播时长为1～3分钟）。

知识拓展

直播促销活动的类型

对于电商直播来说，开展促销活动是提高产品销量的有效方式之一，常见的直播促销活动的类型有以下几种。

1. 纪念促销

纪念促销利用的就是人们对特殊日期或节日的一种仪式感心理，可以满足用户的仪式感。纪念促销的形式包括节日促销、会员日促销、纪念日促销、特定周期促销等。

2. 引用举例式促销

引用举例式促销是指在促销时重点介绍产品的优势、功能和特色，或者对产品的使用效果进行介绍，如对比使用前后的效果。在介绍新品时，主播往往会以折扣价销售，如"新品9折""买新品送××"等。

3. 组合促销

组合促销是指将商家可控的基本促销组成一个整体性活动。用户的需求是多元化的，主播在开展组合促销活动时，要合理地组合产品，充分发挥整体性优势和作用，以满足用户的需求。

任务评价

根据表4-5的实践内容，学生进行实践自评，教师根据学生的实践情况进行评价。

表 4-5 直播活动评价表

实践	实践内容	实践自评	教师评价
介绍直播活动的形式	能用铺垫式话术介绍直播活动的形式	□能够掌握 □有点掌握 □完全不会	□优秀 □良好 □一般 □有待改进
	能用直述式话术介绍直播活动的形式	□能够掌握 □有点掌握 □完全不会	
介绍直播活动的参与方式	能用需求式话术介绍直播活动的参与方式	□能够掌握 □有点掌握 □完全不会	□优秀 □良好 □一般 □有待改进
	能用利益式话术介绍直播活动的参与方式	□能够掌握 □有点掌握 □完全不会	
直播活动直播	能用合适的演示方法配合直播活动直播	□能够掌握 □有点掌握 □完全不会	□优秀 □良好 □一般 □有待改进

实践任务三 福利活动

任务描述

林畅在完成直播活动介绍后,需要根据产品运营提供的直播活动的产品信息汇总表(见表4-1),向用户介绍本次"零食狂欢节"福利活动的形式及参与方式。

任务目标

1. 根据福利活动形式的介绍话术,能够对福利活动的形式进行介绍。
2. 根据福利活动参与方式的介绍话术,能够对福利活动的参与方式进行介绍。
3. 根据设计好的福利活动形式的介绍话术和福利活动参与方式的介绍话术,设计相关直播演示方法,完成福利活动直播。

任务实践

一、介绍福利活动的形式

直播时,主播除对产品卖点、使用场景等信息进行介绍外,还需要向用户介绍福利活动,让用户对福利活动产生兴趣,从而停留在直播间观看直播,提高产品销量。通常主播会使用预告式话术和提醒式话术介绍福利活动的形式。请你根据产品运营提供的直播活动的产品信息汇总表,帮助林畅写出介绍福利活动形式的预告式话术和提醒式话术(话术时长为30~60秒)。

预告式话术:_____
_____
_____

提醒式话术:_____
_____
_____

> **实践小贴士**

> **福利活动形式的介绍话术**
>
> 主播可以通过介绍直播间的福利活动进一步提升直播间的人气。通常情况下，主播可以运用预告式话术和提醒式话术向直播间的用户介绍福利活动的形式。
>
> 1. 预告式话术
>
> 预告式话术是指在介绍产品之前，主播先对直播间的福利活动进行预告，告知用户福利活动很快开始，不要离开直播间，离开直播间就有可能错过。
>
> 主播可以这样说："朋友们，这款零食讲解完之后我们就发红包，红包数量有限，先到先得，千万不要离开直播间，不然就会与红包擦肩而过。"
>
> 2. 提醒式话术
>
> 提醒式话术是指在福利活动开始之前，主播需要提醒用户先关注直播间然后才能参与直播间的福利活动。
>
> 主播可以这样说："我们要来抽奖啦，还没关注直播间的朋友们一定要记得关注我们的直播间，不关注是没有办法参与抽奖的。"

二、介绍福利活动的参与方式

在介绍完福利活动的形式后，主播还需要向直播间的用户介绍本次福利活动的参与方式。主播通过福利活动参与方式的介绍话术，可以引导用户积极参与福利活动，延长用户在直播间的停留时间，增强用户黏性。通常主播会使用强调式话术和渐进式话术介绍福利活动的参与方式。请你根据产品运营提供的直播活动的产品信息汇总表，帮助林畅写出介绍福利活动参与方式的强调式话术和渐进式话术（话术时长为30～60秒）。

强调式话术：_____

_____

_____

渐进式话术：_____

_____

_____

> **实践小贴士**

> **福利活动参与方式的介绍话术**
>
> 福利活动是主播与用户进行积极互动的方式之一，有利于营造热烈的互动氛围，让主播和用户的情绪高涨，延长用户的停留时间，进而产生更好的销售效果，形成良性循环。一般情况下，主播可以运用强调式话术和渐进式话术向直播间的用户介绍福利活动的参与方式。
>
> **1. 强调式话术**
>
> 强调式话术是指主播在介绍福利活动的参与方式时，要多次向用户介绍直播间的福利活动，并强调参与福利活动的流程，从而提高用户参与福利活动的积极性，更快地提高直播间的人气。
>
> 主播可以这样说："朋友们，又到我们的红包环节啦，没进入粉丝群的朋友赶紧进粉丝群，点击左上角主播头像进入主页，然后加入粉丝群就可以抢红包啦。"
>
> **2. 渐进式话术**
>
> 渐进式话术是指主播在介绍福利活动的参与方式时，循序渐进，首先引导用户关注自己/直播间，其次向用户介绍福利活动，最后引导用户参与福利活动。
>
> 主播可以这样说："直播间目前点赞满两千了，主播要发红包啦！朋友们先关注直播间，准备好，三秒后屏幕上就会出现红包雨，大家一直点击屏幕就能领取红包了。"

三、福利活动直播

福利活动直播是指主播在直播时运用福利活动话术，设计合适的演示方法向用户介绍福利活动的形式及参与方式的过程。在福利活动直播过程中，除了运用福利活动话术，主播还需要设计合适的演示方法，告知用户如何参与福利活动，提高用户参与活动的积极性。通常在直播过程中，主播会通过利益点话术、肢体动作演示等演示方法来引导用户参与福利活动。

请根据以上内容，整理福利活动的相关话术，设计合适的演示方法，完成福利活动直播脚本（见表4-6），并在直播实训室进行福利活动直播（福利活动直播时长为1～3分钟）。

表4-6 福利活动直播脚本

具体时间	环节	话术内容	备注（演示方法）
	介绍福利活动的形式		
	介绍福利活动的参与方式		

> **实践小贴士**

福利活动直播演示方法

1. 利益点话术

对于用户来说，福利活动具有很强的吸引力，因此主播需要通过利益点话术吸引用户参与福利活动。

主播可以这样说："朋友们，今天直播间会抽奖，奖品有品牌包包、新款手机、新上市的护肤品等，每位朋友都有机会赢得大奖，机会难得，千万不要错过。"

2. 肢体动作演示

主播在讲解完福利活动的形式之后，通过肢体动作（如手势）向用户演示参与福利活动的具体操作流程，以便用户尽快参与到活动中来。

例如，主播可以用手指示意"关注"按钮，引导用户参与抽奖，说："大家可以先点击左上方的'关注'按钮进行关注，然后在评论区中打出'我要吃零食'五个字，我会随机用手机截屏抽10位朋友，赠送本店新款的酸辣粉。"并将手机转向直播镜头，让用户直观地看到抽奖过程，证明抽奖活动公正、公开，吸引用户积极参与。

任务拓展

请根据西湖龙井茶信息汇总，再结合上述内容，在直播实训室完成西湖龙井茶"品春茶 幸福行"活动的福利活动直播，包括向用户介绍福利活动的形式、介绍福利活动的参与方式两个环节,并对这两个环节进行具体时间安排、福利活动话术设计和演示方法设计(福利活动直播时长为1~3分钟)。

知识拓展

直播间的互动方式

直播间的互动方式多种多样,常见的互动方式包括提问、抽奖、连麦等,主播可以结合自身和直播间的实际情况选择合适的互动方式。

1. 提问

主播在直播过程中向用户提问,可以引导用户参与讨论,提高互动率,延长用户在直播间的停留时间。

2. 抽奖

抽奖是主播在直播时常用的互动方式之一。用户在直播间停留,本质上就是在用自己的时间与奖品进行交换,大部分用户会因为抽奖而被吸引,从而关注主播,并产生后续的购买行为。

3. 连麦

连麦目前已成为主流直播平台的常规互动方式。连麦能够带动用户的情绪,活跃直播间的氛围,并且进一步提升直播间的人气,激发用户的互动热情,使直播间的热度迅速升温。

任务评价

根据表4-7的实践内容,学生进行实践自评,教师根据学生的实践情况进行评价。

表4-7 福利活动评价表

实践	实践内容	实践自评	教师评价
介绍福利活动的形式	能用预告式话术介绍福利活动的形式	□能够掌握 □有点掌握 □完全不会	□优秀 □良好 □一般 □有待改进
	能用提醒式话术介绍福利活动的形式	□能够掌握 □有点掌握 □完全不会	

续表

实践	实践内容	实践自评	教师评价
介绍福利活动的参与方式	能用强调式话术介绍福利活动的参与方式	□能够掌握 □有点掌握 □完全不会	□优秀 □良好 □一般 □有待改进
	能用渐进式话术介绍福利活动的参与方式	□能够掌握 □有点掌握 □完全不会	
福利活动直播	能用合适的演示方法配合福利活动直播	□能够掌握 □有点掌握 □完全不会	□优秀 □良好 □一般 □有待改进

实践任务四 突发状况处理

任务描述

林畅在完成了引导用户关注、向用户介绍本次直播活动及福利活动的任务后,直播间突然发生了意外,画面黑屏,没有图像但声音正常,林畅立即启动了直播间突发状况预案,在稳定用户情绪的同时,与团队工作人员进行沟通,主动发现并处理问题。

任务目标

1. 根据稳定用户情绪的方法,能够对直播间用户的情绪进行安抚。
2. 根据处理问题的方法,能够设计出面对突发状况发现并处理问题的话术。
3. 根据设计好的稳定用户情绪的话术和发现并处理问题的话术,设计相关直播演示方法,完成突发状况处理直播。

任务实践

一、稳定用户情绪

直播过程中突发意外情况,主播需要先稳定用户情绪。主播通过稳定用户情绪,可以减轻用户的不良情绪消耗,减少直播间用户的流失,维持用户对主播的信任。通常主播会通过直播内容互动、热点话题互动等方法来稳定用户情绪。请你根据稳定用户情绪的方法,帮助林畅写出稳定用户情绪的话术(话术时长为30~60秒)。

直播内容互动的话术:_____
_____
_____

热点话题互动的话术:_____
_____
_____

> **实践小贴士**

稳定用户情绪的方法

主播在直播过程中如果遇到突发状况，如提词器损坏、直播黑屏等，应当沉着冷静，在第一时间稳定用户情绪，通过直播内容互动和热点话题互动来转移用户的注意力，减少直播间用户的流失。

1. **直播内容互动**

直播内容互动是指主播可以根据直播中产品的卖点来跟用户进行互动，引起用户的兴趣，安抚用户的不良情绪。

主播可以这样说："朋友们，这款小面包入口蓬松，淡淡的奶油香气能够治愈一切不开心，特别适合现在这种状况，让我们一起撕开包装安静地享受美食吧。"

2. **热点话题互动**

热点话题互动是指主播平时可以多关注社交平台（如微博等），通过实时热搜了解用户所关注的热点话题，并在直播过程中融入热点话题，通过热点话题互动拉近其与用户之间的距离，维持直播间的良好氛围。

主播可以这样说："最近大熊猫真的太火啦，不仅朋友们喜欢吃零食，咱们的国宝大熊猫也有零食吃，如苹果、胡萝卜、南瓜等，大熊猫吃起东西来也十分可爱，是萌萌的吃货熊猫，看熊猫吃东西太解压了，你们最近有在视频网站上看到过吗？"

二、发现并处理问题

在稳定了用户情绪之后，主播需要发现并处理问题。主播可以通过与团队工作人员协同配合，分析并解决出现的问题，给用户带来良好的直播观看体验。通常主播会通过直接说明原因、转移用户注意力的方法处理问题。请你根据具体的突发状况，帮助林畅写出发现并处理问题的话术（话术时长为30~60秒）。

直播说明原因的话术：＿＿＿

转移用户注意力的话术：_____

> ✉ **实践小贴士**

> ### 处理问题的方法
>
> 一些突发状况，如直播中断、直播黑屏、直播没有声音、直播画面卡顿、闪退等是由技术故障造成的。任何技术故障的出现都会严重影响直播效果，导致用户流失。一旦出现技术故障，主播可以采取以下两种方法来处理。
>
> #### 1. 直接说明原因
>
> 通常造成直播中断的原因是网络问题，出现问题时，主播应第一时间与团队工作人员协同处理，并直接向用户说明原因，告知用户团队工作人员已处理好问题，目前直播间网络运行正常，感谢大家的理解和包容。
>
> 主播可以这样说："朋友们，刚才由于网络不稳定造成了直播中断，目前团队工作人员已经重新调试好了设备，现在网络状况稳定，感谢大家的理解和包容。"
>
> #### 2. 转移用户注意力
>
> 若直播时出现黑屏问题，会影响用户观看直播的体验。在没有画面只有声音的情况下，主播暂时只能通过幽默的语言转移用户的注意力，从而让用户继续留在直播间。
>
> 主播可以这样说："朋友们，直播间的机器有点累了，想休息几分钟，但是没关系，我不累，我还可以继续和大家聊聊这根玉米背后的故事。"

三、突发状况处理直播

突发状况处理直播是指主播在直播过程中遇到突发状况时，运用突发状况处理话术，设计合适的演示方法稳定用户情绪及发现并处理问题的过程。在突发状况处理直播的过程中，除了运用稳定用户情绪的话术，主播还需要设计合适的演示方法，告知用户发生了什么状况及相关解决方案，维持直播间的热度。通常在直播过程中，主播会通过高情商话术解释、肢体动作演示等演示方法来处理突发状况。

请根据以上内容，整理突发状况处理的相关话术，设计合适的演示方法，完成突发状况处理直播脚本（见表 4-8），并在直播实训室进行突发状况处理直播（突发状况处理直播时长为 1~3 分钟）。

表 4-8　突发状况处理直播脚本

具体时间	环节	话术内容	备注（演示方法）
	稳定用户情绪		
	发现并处理问题		

> **实践小贴士**

突发状况处理直播演示方法

1. 高情商话术解释

主播的高情商发言会让用户有如沐春风般的舒适感，通常直播间突发某种状况时，主播高情商的话术有助于减少事件带来的负面影响。

例如，当遇到直播间弹幕异常，主播外貌被黑粉攻击时，主播可以这样回应："这位朋友，每个人都有自己的闪光点，我的闪光点就是能给大家带来欢乐，如果我的长相不符合你的审美标准，你可以去看看其他风格的主播。"

2. 肢体动作演示

直播过程中遇到直播没有声音、直播黑屏等突发状况时，主播可以借助道具或表演才艺等方法与用户进行互动，转移用户的注意力。

例如，当直播没有声音时，主播可以借助写字板或手举牌，以"今晚半价"等文字形式向用户传递信息，给直播间的用户来一波福利；当直播黑屏时，主播可以通过唱歌来展示自己的才艺，在缓解用户情绪的同时，还可以打造自己的 IP。

任务拓展

请根据西湖龙井茶信息汇总，再结合上述内容，在直播实训室完成西湖龙井茶"品春茶　幸福行"活动的突发状况处理直播，包括稳定用户情绪、发现并处理问题两个环节，并对这两个环节进行具体时间安排、突发状况处理话术设计和演示方法设计（突发状况处理直播时长为1~3分钟）。

知识拓展

直播间突发状况的处理方法

直播间常见的突发状况主要包括商品问题、意外断播、违规问题三类。当直播过程中出现突发状况时，主播应立即处理，事后还需要进行直播复盘，力求在下次直播中避免出现类似问题。

1. 商品问题处理

直播中的商品问题主要包括商品折扣价格设置错误、赠品设置错误、库存信息设置错误、SKU信息设置错误等，遇到这些问题时，团队工作人员要及时通知主播换品，然后进行相应调整。主播在收到团队工作人员的通知之后，需要调整话术（如"朋友们，在给大家讲这款小零食之前，我先给大家上一波福利"），通过调整话术，把用户的注意力转移到福利上，不仅能挽留用户，还能给运营人员调整商品信息预留出时间。

2. 意外断播处理

直播中一旦发生意外断播，如直播电脑死机、网络卡顿、电力故障时，主播要保持镇定，稳定直播间用户的情绪，与团队工作人员尽快发现并处理问题。根据不同的突发状况，主播可以拍摄视频或在粉丝群发布消息，向用户告知断播原因和恢复直播的时间，或者采取福利任务、主播券、复播福利等方式进行救场，维持直播间的热度，观察数据变化，下播后再及时复盘。

3. 违规问题处理

直播中出现的违规问题根据主播行为的严重性可以分为一般违规行为和严重违规行为。如果是一般违规行为，团队工作人员视情况提醒主播注意；如果是严重违规行为，团队工作人员需要立即通知主播调整，并且要告知主播具体的违规原因。

任务评价

根据表4-9的实践内容，学生进行实践自评，教师根据学生的实践情况进行评价。

表 4-9 突发状况处理评价表

实践	实践内容	实践自评	教师评价
稳定用户情绪	能用直播内容互动的方法来稳定用户情绪	□能够掌握 □有点掌握 □完全不会	□优秀 □良好 □一般 □有待改进
	能用热点话题互动的方法来稳定用户情绪	□能够掌握 □有点掌握 □完全不会	
发现并处理问题	能用直接说明原因的方法来处理问题	□能够掌握 □有点掌握 □完全不会	□优秀 □良好 □一般 □有待改进
	能用转移用户注意力的方法来处理问题	□能够掌握 □有点掌握 □完全不会	
突发状况处理直播	能用合适的演示方法配合突发状况处理直播	□能够掌握 □有点掌握 □完全不会	□优秀 □良好 □一般 □有待改进

职业视窗

创建"绿色直播间",规范直播营销活动

电商直播平台作为直播营销活动的重要主体之一,也是电商直播行业生态治理的重要一环。随着电商直播的蓬勃发展,电商直播相关从业企业被处罚等新闻也层出不穷,各类纠纷与日俱增,如一些主播"无底线"带货,"低价"不低、"严选"不严,甚至销量造假、夸大宣传等,因此创建"绿色直播间",规范直播营销活动势在必行。

某当事人在抖音平台上开设网店经营食品,其上架的某款零食在具体的产品页面中宣传低脂,但经监管部门核查该产品并没有达到低脂的范围,不符合国家标准的规定。当事人发布与产品实际成分不符的广告内容,属于《中华人民共和国广告法》第二十八条第二款第二项规定的情形,构成发布虚假广告的违法行为。依据《中华人民共和国广告法》第五十五条第一款的规定,监管部门责令当事人停止发布广告,在相应范围内消除影响,并处罚款,上缴国库。

为了杜绝虚假营销行为，切实保障消费者权益，创建良好的直播环境，我国出台了相关法律条规，对直播营销进行了规定，如《网络直播营销行为规范》（以下简称《规范》）。《规范》是我国出台的第一个关于网络直播营销活动的专门规范，对网络直播营销中的商家、主播、平台经营者、主播服务机构和参与用户的行为进行了规定，并鼓励网络直播营销活动主体响应国家脱贫攻坚、乡村振兴战略等号召，积极开展公益直播。

1. 对商家的规定

商家应具有与所提供商品或者服务相应的资质、许可，并亮证亮照经营。

2. 对主播的规定

主播在直播活动中，应当保证信息真实、合法，不得对商品和服务进行虚假宣传，欺骗、误导消费者。主播向商家、网络直播营销平台等提供的营销数据应当真实，不得采取任何形式进行流量等数据造假，不得采取虚假购买和事后退货等方式骗取商家的佣金。

3. 对平台经营者的规定

电商平台类的网络直播营销平台经营者，应当加强对入驻本平台内的商家主体资质规范，督促商家依法公示营业执照、与其经营业务有关的行政许可等信息。内容平台类的网络直播营销平台经营者应当加强对入驻本平台的商家、主播交易行为规范，防止主播采取链接跳转等方式，诱导用户进行线下交易。社交平台类的网络直播营销平台经营者应当规范内部交易秩序，禁止主播诱导用户绕过合法交易程序在社交群组进行线下交易。

创建"绿色直播间"，规范直播营销活动，需要进一步加强政府对电商直播行业的规范和监管，建设健康良性的网络直播生态，确保消费者权益得到有效保障。同时，也需要加强法律法规的制定和实施，以及政府监管部门的整治工作，防止虚假宣传、销量造假等不良行为的出现。在此过程中，还需深入贯彻党的二十大精神，积极推进数字经济和网络空间治理的发展，同时注重平衡经济发展与社会公正的关系，打造更加健康、稳定、可持续的经济社会发展格局。只有通过全社会的共同努力，才能够实现数字经济高质量发展，为人们提供更加优质的服务。

项目检测一

一、单选题

1. 下列不属于主播欢迎用户进入直播间的话术是（　　）。

　　A. "欢迎××来到我的零食铺，××直播间就是你的能量补给站，希望我推荐的零食可以为你带来一天的好心情"

B．"欢迎'软萌蛋挞'进入直播间，你的昵称很有趣，看来你很喜欢吃蛋挞，真巧，我也很爱吃呢"

C．"欢迎××进入我的直播间。哇，十级粉丝等级，看来你一直在默默关注着我，感谢老粉的支持"

D．"关注主播不迷路，主播带你购好物，关注直播还能提前获取各种粉丝福利和零食优惠信息"

2．如果直播间的用户更关注产品的优惠力度，主播可以采用（　　）介绍产品。

A．悬念式话术　　　　　　B．提问式话术

C．利益式话术　　　　　　D．需求式话术

3．下面不属于活跃直播氛围的是（　　）。

A．发红包　　B．产品介绍　　C．抽奖　　　　D．连麦

二、多选题

1．在直播活动中，常见的突发状况包括（　　）。

A．直播中断　　　　　　　B．直播没有声音

C．直播画面卡顿　　　　　D．直播黑屏

2．直播间在线人数不断减少，此时主播可以（　　）来活跃直播氛围。

A．介绍福利活动　　　　　B．介绍产品活动

C．介绍直播主题　　　　　D．设置红包环节

3．要想吸引用户关注直播间，主播需要（　　）。

A．有自己的特色　　　　　B．不断创新求变

C．以自我为中心　　　　　D．常规介绍产品

三、判断题

1．在福利活动开始之前，主播需要提醒用户先关注直播间然后才能参与直播间的福利活动。这属于预告式话术。（　　）

2．主播通过直播引导话术，可以引导用户关注直播间、加入粉丝群，从而增加账号粉丝，为直播间引流。（　　）

3．直接引导关注话术是指主播先告诉用户关注直播间的价值及能够享受的优惠福利，然后向用户介绍关注直播间的具体操作流程，并悉心引导用户完成关注直播间的操作。（　　）

四、实践操作

假设进行一场直播,直播过程中遇见突发状况,直播界面直接黑屏,请结合所学知识,设计完成突发状况处理直播脚本(见表4-10),并在直播实训室进行突发状况处理直播。

表4-10 突发状况处理直播脚本

具体时间	环节	话术内容	备注(演示方法)
	稳定用户情绪		
	发现并处理问题		

项目检测二

一、单选题

1. 在直播活动中,能够吸引用户持续关注的方式是(　　)。

　　A．与用户互动　　　　　　　B．放大自己的声音

　　C．表现出强势的态度　　　　D．只回答自己感兴趣的问题

2. 以下不属于能够提高直播用户留存率和转化率的方法是(　　)。

　　A．在直播间设置抽奖活动

　　B．关注用户问题并积极回复

　　C．引导用户点赞、评论、转发

　　D．没有固定的直播时间

3. (　　)是利用人们对特殊日期或节日的一种仪式感心理展开的促销活动。

　　A．纪念促销　　　　　　　　B．日常促销

　　C．组合促销　　　　　　　　D．引用举例式促销

二、多选题

1. 在直播过程中,如果遇到突发状况,主播可以通过(　　)来转移用户的注意力,减

少直播间用户的流失。

  A．直播内容互动　　　　B．热点话题互动

  C．等待直播恢复　　　　D．结束直播活动

2．主播除了使用话术，还可以通过（　　）等演示方法引导用户关注直播间。

  A．口头提醒　　　　　　B．手势引导

  C．产品属性介绍　　　　D．举指示牌引导

3．下面属于活跃直播氛围目的的有（　　）。

  A．提高用户留存率

  B．激发用户参与的积极性

  C．吸引更多流量

  D．带动用户热情

三、判断题

1．对于用户来说，福利活动具有很强的诱惑力，因此主播可以通过利益式话术吸引用户参与活动。（　　）

2．直播过程中遇到突发状况，主播可以通过直播内容互动、热点话题互动等方法来稳定用户情绪。（　　）

3．当直播没有声音时，主播可以直接结束直播。（　　）

四、实践操作

请结合所学知识，在直播实训室完成水果直播引导直播，包括欢迎用户进入直播间、引导用户关注直播间两个环节，并对这两个环节进行相应动作和表情的设计，完成表4-11。

表4-11　水果直播引导直播脚本

具体时间	环节	话术内容	备注（演示方法）
	欢迎用户进入直播间		
	引导用户关注直播间		

项目检测三

一、单选题

1. 在直播过程中遇到突发状况，主播需要先稳定用户情绪。以下属于稳定用户情绪的话术是（　　）。

    A．"直播现在出现了一点儿问题，工作人员正在加紧处理，大家先不要着急，持续关注我们直播间，直播恢复后，我们先来一轮红包雨"

    B．"今天店铺周年庆活动，买零食满 100 元减 30 元，朋友们点击 2 号链接即可领取店铺优惠券，下单立减"

    C．"朋友们，这款零食讲解完之后我们就要发红包啦，红包数量有限，先到先得，千万不要离开直播间，不然就会与红包擦肩而过"

    D．"朋友们，今天直播间会抽奖，奖品有品牌包、新款手机、新上市的护肤品等，每位朋友都有机会赢得大奖，机会难得，千万不要错过"

2. 主播通过（　　），可以有效指引用户参与活动，提高用户的参与感。

    A．直播答疑话术

    B．直播预告话术

    C．产品介绍形式

    D．直播活动参与方式的介绍话术

3. 直播间设置红包环节，最有可能（　　）。

    A．提高直播间的流量转化率

    B．延长用户在直播间的停留时间

    C．增加直播间的产品销量

    D．使用户全面了解直播活动的内容

二、多选题

1. 常见的直播促销活动的类型有（　　）。

    A．单一产品促销　　　　　　B．纪念促销

    C．引用举例式促销　　　　　D．组合促销

2. 直播间突发状况处理的核心内容包括（　　）。

    A．稳住用户情绪　　　　　　B．发现并处理问题

    C．活动福利介绍　　　　　　D．活动形式介绍

3．正确处理直播间的突发状况，可以（　　）。

　　A．减轻用户的不良情绪消耗

　　B．减少直播间用户的流失

　　C．维持用户对主播的信任

　　D．提高用户的参与感

三、判断题

1．用户的需求是多元化的，主播在开展组合促销活动时，要合理地组合产品，充分发挥整体性优势和作用，以满足用户的需求。（　　）

2．遇到突发状况，主播可以通过直播内容互动、热点话题互动等方法来稳定用户情绪。（　　）

3．直播间的互动形式多样，常见的互动形式包括产品讲解、发红包、抽奖、连麦等。（　　）

四、实践操作

假设要进行一场福利活动直播，直播过程中需要介绍福利活动的形式和参与方式，请结合所学知识，完成福利活动直播脚本（见表4-12），并在直播实训室进行福利活动直播。

表4-12　福利活动直播脚本

具体时间	环节	话术内容	备注（演示方法）
	介绍福利活动的形式		
	介绍福利活动的参与方式		

实践项目五

直播答疑

项目情景

在直播过程中，主播需要针对用户的问题进行准确答疑。为了促进产品销售，提高直播销售额，主播在直播过程中需要识别用户提出的问题类型，并对不同问题做出专业解答。主播运用巧妙的答疑话术，配合肢体动作、必要的辅助道具，可以使用户更加全面地了解产品，了解服务内容，从而快速打消用户的购物顾虑，激发用户的购买欲望，进而促使交易达成。

某零食公司在6月1日有一场"零食狂欢节"的直播活动。林畅作为本场活动的主播，在直播中不仅需要对产品进行介绍推荐，还需要根据用户提出的问题进行直播答疑。在直播前，林畅需要了解小鱼干的基本信息，掌握产品问题、物流问题、退换货问题及其他问题的答疑方法，完成直播答疑，最终促成订单。

项目实践导图

实践项目五 直播答疑

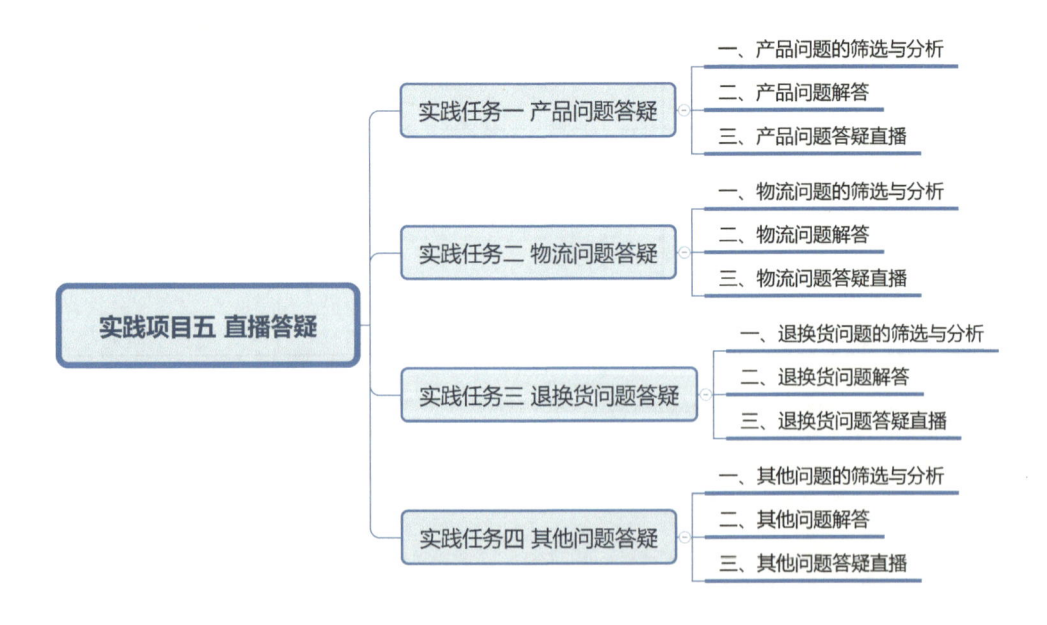

- **实践任务一 产品问题答疑**
  - 一、产品问题的筛选与分析
  - 二、产品问题解答
  - 三、产品问题答疑直播

- **实践任务二 物流问题答疑**
  - 一、物流问题的筛选与分析
  - 二、物流问题解答
  - 三、物流问题答疑直播

- **实践任务三 退换货问题答疑**
  - 一、退换货问题的筛选与分析
  - 二、退换货问题解答
  - 三、退换货问题答疑直播

- **实践任务四 其他问题答疑**
  - 一、其他问题的筛选与分析
  - 二、其他问题解答
  - 三、其他问题答疑直播

实践任务一　产品问题答疑

📝 任务描述

"零食狂欢节"直播活动任务下发后,产品运营给了林畅一份小鱼干的信息汇总,包括小鱼干的基础信息、营养成分、制作工艺等。在产品问题答疑直播时,林畅需要先对与产品相关的问题进行筛选与分析,识别产品问题的类型,然后结合问题类型,抓住产品信息中的关键要素,以简洁明了的词句灵活快速地组织语言,最终完成产品问题答疑直播。

小鱼干信息汇总

(一)产品基础信息

品名:小鱼干。

产地:湖南岳阳。

等级:优选品质深海小鱼。

包装类型:盒装。

净含量:15克×20包。

是否为有机食品:是。

食用方式:开袋即食。

口味:麻辣味,湘辣回忆杀;

　　　卤香味,老派卤香;

　　　酱香味,吮指酱香。

特色:麻辣味,麻辣劲爽、辣中带香;

　　　卤香味,严选卤料、地道卤汁、细熬慢炖;

　　　酱香味,酱香十足、口味醇正。

适用场景:朋友小聚、工作加班、休闲娱乐。

储存方式:阴凉避光保存。

生产日期:见包装喷码处。

保质期：12个月。

价格：29.9元，直播间下单立减5元，24.9元。

过敏原：含有麸质的谷物、鱼、大豆、蛋、乳成分。

（二）产品营养成分

小鱼干的营养成分如表5-1所示。

表5-1 小鱼干的营养成分

项目	每100克	营养素参考值
能量	1625千焦	19%
蛋白质	25.8克	43%
脂肪	31.2克	52%
碳水化合物	1.9克	1%
钠	1.6克	80%

（三）产品典故

公孙仪相鲁而嗜鱼，一国尽争买鱼而献之，公孙仪不受。其弟子谏曰："夫子嗜鱼而不受者，何也？"对曰："夫唯嗜鱼，故不受也。夫即受鱼，必有下人之色；有下人之色，将枉于法；枉于法，则免于相。虽嗜鱼，彼必不能长给我鱼，我又不能自给鱼。既无受鱼而不免相，虽嗜鱼，我能长自给鱼。"

——《韩非子》

这就是说，为人处世应该像公孙仪吃鱼一样，必须清清白白、堂堂正正。虽然在生活、工作中，我们有自己极为喜欢的事物，就像公孙仪一样，嗜鱼如命，无鱼不吃饭，但是无论在什么情况下，我们也不能因为自己的好恶或利益失去客观理智，丢失自己为人处世的准则。我们应该做到始终坚守道德底线，抵御诱惑，成为一个正直、高洁的人。

（四）制作工艺及获得的荣誉

1. 制作工艺

依托行业先进自动化生产线和十万级净化车间，精挑细选出深海好鱼；"360°红外线+激光三维"体检，去头去尾，对鱼进行加工；精选各地天然香料，使用传承30多年的配方，用微压锅深层慢卤，为鱼增鲜提味。

（1）麻辣味：采用陇南"大红袍"花椒、济宁金乡辣椒等，调和出麻辣鲜香的口味，尽享湘辣回忆杀。

（2）卤香味：甄选广西壮族八角、罗定肉桂等优质香料，使用微压锅正压0.01～0.03MPa

深层慢卤，香味透骨。

（3）酱香味：精心慢熬造就浓郁卤汁，多种香料卤制入味，酱香纯正，吃完唇齿皆留香。

2．获得的荣誉

（1）产品在全球热销70亿包。

（2）产品已出口26个国家。

（3）产品在天猫即食鱼类目连续多年位居前三。

（五）售后信息

1．关于发货

异常订单不发货。默认24小时内发货，预售和其他特定情况说明除外，顺丰快递配送。

2．关于退货

支持7天无理由退换货（不影响二次销售的情况下），非质量问题需由买家承担寄回运费。

3．关于快递

全国多地分设仓库，就近发货。中国港澳台及海外等地区，暂时无法发货。

（六）直播弹幕

1．产品问题

（1）一盒有多少包？

（2）小鱼干有什么味道的？

（3）一盒多少钱？

（4）小鱼干有优惠活动吗？

（5）价格还能再低点吗？

（6）鱼是哪里的，产品质量有保证吗？

（7）它是盒子包装的还是袋子包装的？

（8）麻辣味的小鱼干还有吗？

（9）生产日期是什么时候的？

（10）五盒能不能便宜点？

（11）每个人限购吗？

（12）是现货吗？

（13）买1000盒能发货吗？

（14）卤香味的还能买吗？

（15）不会出现胀袋、漏气或食物变质的情况吧？

2．物流问题

（1）可以发顺丰吗？

（2）可以送货上门吗？

（3）预售多长时间内能发货？

（4）发什么快递？

（5）包邮吗？

（6）可以指定发哪个快递吗？

（7）3天内可以收到货吗？

（8）我现在下单，明天能送到吗？

（9）发北京几天能到？

（10）能用中通快递发新疆吗？

（11）3天内能发货吗？

（12）拍下后能立即发货吗？

（13）可以尽快发货吗？

3．退换货问题

（1）我的快递已经8天了，还没送到，我要怎么退换货？

（2）我不想要了，要退货，怎么处理？

（3）我收到产品之后，发现里面有一包没封好，都变质了，我要退换货，怎么处理？

（4）我的快递丢件了，我要退换货，怎么处理？

（5）盒子好像掉进水里了，产品都损坏了，我要退换货，怎么处理？

（6）我搬家了，原地址不能收货，我要退换货，怎么处理？

4．其他问题

（1）有活动吗？

（2）多买可以送一盒吗？

（3）为什么无法下单购买呢？

（4）下次直播是什么时候呢？

（5）麻辣味小鱼干明晚直播还卖吗？

（6）有什么周边礼物赠送吗？

（7）明天几点开播呢？

（8）链接怎么点不进去？

（9）明天晚上有直播吗？

（10）可以优惠吗？

（11）优惠券为什么用不了？

任务目标

1. 根据产品问题的类型，能够完成产品问题的筛选与分析。

2. 根据产品问题解答话术，能够对产品问题进行解答。

3. 根据筛选并分析好的产品问题及组织好的产品问题解答话术，设计相关直播演示方法，完成产品问题答疑直播。

任务实践

一、产品问题的筛选与分析

在进行产品问题答疑之前，主播需要对与产品相关的问题进行筛选与分析，了解用户真正的购物需求，解决用户对产品某方面了解不足的问题，以便有针对性地对产品做出有力推荐，促进销售。通常主播会浏览直播间用户实时发布的弹幕，从中筛选出与产品相关的问题，并对其进行分析。请根据产品运营提供的小鱼干信息汇总，帮助林畅在直播弹幕中筛选出与产品相关的问题，分析问题类型，并完成表5-2（产品问题筛选与分析时长为5~10秒）。

表5-2 产品问题筛选与分析表

产品问题的类型	与产品相关的问题

> ### 实践小贴士
>
> **产品问题的类型**
>
> **1. 产品属性类问题**
>
> 产品属性是指产品本身所固有的性质，是产品在某一领域中自身特色的体现，包括产品的类型、原料、口味、规格、颜色、外观设计等。
>
> 例如，"小鱼干有什么味道的""它是盒子包装的还是袋子包装的""一盒有多少包"等，这些都属于产品属性类问题。
>
> **2. 产品价格类问题**
>
> 产品价格是指用户购买产品本身所花费的金钱。产品价格不仅受产品自身价值的影响，还受原材料、生产成本、营销费用等其他因素的影响。
>
> 例如，"一盒多少钱""五盒能不能便宜点""小鱼干有优惠活动吗""价格还能再低点吗"等，这些都属于产品价格类问题。
>
> **3. 产品库存类问题**
>
> 产品库存是指企业已经完成全部生产过程，并已入库，可以作为商品直接对外出售的产品，以及企业从外部购入可直接用于出售的产品。
>
> 例如，"每个人限购吗""是现货吗""买1000盒能发货吗""麻辣味的小鱼干还有吗""卤香味的还能买吗"等，这些都属于产品库存类问题。
>
> **4. 产品质量类问题**
>
> 产品质量是指国家的有关法规、质量标准及合同规定的对产品适用性、安全性和其他特性的要求。
>
> 例如，"生产日期是什么时候的""鱼是哪里的，产品质量有保证吗""不会出现胀袋、漏气或食物变质的情况吧"等，这些都属于产品质量类问题。

二、产品问题解答

产品问题解答是指主播针对用户所提出的与产品相关的重要问题，做出有效回复，为用户答疑解惑。主播在进行产品问题解答时，一般需要抓住与其相关的关键要素，然后快速组织语言，以简洁明了的语言向用户清晰传递产品相关信息，使用户能够对产品有更加全面深入的认识。请针对筛选并分析好的产品问题，分别写出对应的问题解答话术，并完成表 5-3（产品问题解答时长为 5～60 秒）。

表 5-3　产品问题解答表

产品问题的类型	与产品相关的问题	产品问题解答话术

> 实践小贴士

产品问题解答话术

1. 产品属性类问题

产品属性通常包括产品的类型、原料、口味、规格、颜色、外观设计等与产品相关的基础信息。在回答产品属性类问题时，主播需要结合用户提问的关键词，从产品信息中提取产品属性的关键要素，并组织语言回答。

例如，用户提问"小鱼干都有什么味道的"，从"味道"可知，这是针对产品味道进行的提问，主播可以从产品信息中提取关键要素"口味"和"特色"，向用户介绍产品口味的类型和不同口味的特色，从而使用户对产品的味道有更加深入的了解。

主播可以这样回答："我们这款深海小鱼干一共有三个口味——麻辣味、卤香味和酱香味。麻辣味就是湖南的辣味，麻辣劲爽、辣中带香；卤香味是精选卤料慢火细熬出来的老派卤香，更能凸显出深海鱼本身的鲜香；酱香味以口味醇正的酱料香味为主，令人食指大动。"

2. 产品价格类问题

产品价格也就是产品的售价。在回答产品价格类问题时，主播不仅需要向用户说明单独购买的价格，如果产品有优惠活动，还需要向用户说明如何参与活动才能享受到最优惠的价格。主播需要结合用户提问的关键词，从产品信息中提取产品价格及活动要素，用优惠券、搭配套餐、多买多优惠等打动用户，并组织语言回答。

例如，用户提问"一盒多少钱"，从"多少钱"可知，这是针对产品价格进行的提问，主播可以从产品信息中提取关键要素"净含量""价格"，然后结合本场直播的产品活动详情，向用户准确介绍产品价格和具体优惠。

主播可以这样回答："一盒有20包，原价29.9元，现在下单还能享受立减5元的优惠，到手价只需24.9元，想要买就快点下单吧。"

3. 产品库存类问题

产品库存是指可以用于销售的产品数量。在回答产品库存类问题时，主播需要核对产品是否有货。产品有货，数量是多少；产品无货，能否加货，能加多少数量。主播需要结合用户提问的关键词，以后台数据为参考，根据产品实时销售情况，不定时向后台工作人员核实信息，然后组织语言回答。

例如，用户提问"麻辣味的小鱼干还有吗"，从"还有吗"可知，这是针对产品库存进行的提问，主播可以从产品后台数据中了解产品是否还有现货，或者向后台工作人员核实产品库存数量，然后向用户说明大致数量，回复用户的问题，并巧妙运用促单话术，促使用户购买。

主播可以这样回答："麻辣味的小鱼干有现货，还剩800件，另外，卤香味和酱香味的小鱼干还可以继续购买，剩下的数量也不多了，要购买的朋友别犹豫，先到先得。"

4. 产品质量类问题

产品质量是产品品质的反映，只有质检合格、品质有保障的产品才能让用户安心购买。在回答产品质量类问题时，主播需要结合用户提问的关键词，从产品信息中提取产品质量的关键要素，从生产流程、监督流程、查货流程、售后服务等方面去强调，提供产品质检报告，并组织语言回答。

例如，用户提问"鱼是哪里的，产品质量有保证吧"，从"产品质量"可知，这是针对产品质量进行的提问，主播可以从产品信息中提取关键要素"制作工艺"等，用事实证据向用户证明产品的质量可靠，同时可以介绍一些产品获得的荣誉，增强说服力。但需要注意，如果要向用户展示证明文件，应遮挡隐私信息。

主播可以这样回答："我们产品的质量都是经过严格把控的，采用行业先进自动化生产线和十万级净化车间，'360°红外线+激光三维'体检，去头去尾，对鱼进行加工。作为热销的卤味零食品牌，质量有保证。如果出现了质量问题，我们支持7天无理由退换货。"

三、产品问题答疑直播

产品问题答疑直播是指主播在直播过程中，以产品问题解答话术为核心，设计合适的演示方法，帮助用户解决问题，打消用户购物顾虑的过程。在产品问题答疑直播过程中，除了运用产品问题解答话术，主播还需要设计合适的演示方法，让直播氛围更加活跃，增强直播感染力。通常在直播过程中，主播会通过全方位展示产品细节、亲自试吃/试用产品、灵活运用手势和表情等演示方法来对产品问题进行解答。

请根据以上内容，梳理小鱼干的产品问题解答话术，设计合适的演示方法，完成产品问题答疑直播脚本（见表5-4），并在直播实训室进行小鱼干的产品问题答疑直播（产品问题答疑直播时长为1~3分钟）。

表 5-4 产品问题答疑直播脚本

具体时间	环节	话术内容	备注（演示方法）
	产品问题的筛选与分析		
	产品问题解答		

> **实践小贴士**

产品问题答疑直播演示方法

1. 全方位展示产品细节

主播在介绍产品的过程中，可以向用户展示产品的外观、大小、颜色、材质等，让用户能够近距离、全方位地观察到产品细节，提升对产品的认知度。在这一过程中，主播通常会用双手拿着产品展示产品细节，同时会进行产品介绍。

例如，在回答"它是盒子包装的还是袋子包装的"这个问题时，主播可以先拿出一盒向用户展示最外层的包装，然后拆开盒子，拿出其中一包，向用户展示每包的分装包装。

2. 亲自试吃/试用产品

主播在介绍产品的过程中，为了提升用户对产品的信任感，可以亲自试吃/试用产品。在这一过程中，主播通常会亲自品尝产品，为用户提供真实的食用体验和口味参考价值，或者主播会通过实际操作的形式，展现产品的功效。

例如，在回答"小鱼干都有什么味道的"这个问题时，主播可以分别拿出不同味道的样品各一个，向用户展示，然后一一试吃，并分别向用户描述每种小鱼干的口感。

3. 灵活运用手势和表情

主播在介绍产品的过程中，为了将自己的指令、意向更加清晰地传达给用户，可以灵活运用手势和表情，以此引起用户的情感共鸣，帮助用户深入理解产品信息。

例如，在回答"小鱼干都有什么味道的"这个问题时，主播在试吃过程中，可以通过不同的表情和表示赞美的手势，向用户传达不同口味的小鱼干带给人的不同味觉刺激。

任务拓展

请根据西湖龙井茶信息汇总，再结合上述内容，在直播实训室完成西湖龙井茶"品春茶幸福行"活动的产品问题答疑直播，包括产品问题的筛选与分析、产品问题解答两个环节，并对这两个环节进行具体时间安排、产品问题答疑话术设计和演示方法设计（产品问题答疑直播时长为1~3分钟）。

知识拓展

产品问题答疑直播的重要性

1. 有效推荐产品

商家直播的目的就是吸引大量用户前来购买产品，用户能够提出关于产品的问题，说明用户有一定的购买意向。在直播中积极了解用户对产品的疑问，并针对用户的问题给出专业、正确的答复，可以帮助用户深入认识产品，从而促进销售。

2. 拉近主播与用户之间的距离

主播和用户隔着屏幕沟通，自然会有一种虚拟感和距离感。如果主播能在直播带货的过程中，及时回复用户的问题，则会在无形中拉近与用户之间的距离，让用户明确感知到主播和自己的交流互动，从而使用户产生一种亲切感，用户也更愿意听取并接受主播的意见。

3. 直播"有话说"

为了营造出一个良好的直播氛围，避免冷场和尴尬的局面出现，回复用户的问题就是一种很好的暖场方式。和用户进行充分的互动，及时回复用户提出的问题，能够使用户产生存在感，使直播达到更好的效果。

📋 任务评价

根据表 5-5 的实践内容，学生进行实践自评，教师根据学生的实践情况进行评价。

表 5-5　产品问题答疑评价表

实践	实践内容	实践自评	教师评价
产品问题的筛选与分析	了解产品问题的类型	□能够掌握 □有点掌握 □完全不会	□优秀 □良好 □一般 □有待改进
	能筛选并分析与产品相关的问题	□能够掌握 □有点掌握 □完全不会	
产品问题解答	掌握产品问题解答话术	□能够掌握 □有点掌握 □完全不会	□优秀 □良好 □一般 □有待改进
产品问题答疑直播	能用合适的演示方法配合产品问题答疑直播	□能够掌握 □有点掌握 □完全不会	□优秀 □良好 □一般 □有待改进

实践任务二　物流问题答疑

📝 任务描述

在物流问题答疑直播时,林畅需要先对与物流相关的问题进行筛选与分析,识别物流问题的类型,然后结合问题类型,抓住物流信息中的关键要素,以简洁明了的词句灵活快速地组织语言,最终完成物流问题答疑直播。

📚 任务目标

1. 根据物流问题的类型,能够完成物流问题的筛选与分析。
2. 根据物流问题解答话术,能够对物流问题进行解答。
3. 根据筛选并分析好的物流问题及组织好的物流问题解答话术,设计相关直播演示方法,完成物流问题答疑直播。

🖱 任务实践

一、物流问题的筛选与分析

在进行物流问题答疑之前,主播需要对与物流相关的问题进行筛选与分析,了解用户对产品发货时间、运输方式、包裹派送等物流方面的需求和顾虑,从而有针对性地解决用户关心的问题,使用户对电商物流运作效率及服务质量有一定的认知。通常主播会浏览直播间用户实时发布的弹幕,从中筛选出与物流相关的问题,并对其进行分析。请根据产品运营提供的小鱼干信息汇总,帮助林畅在直播弹幕中筛选出与物流相关的问题,分析问题类型,并完成表5-6(物流问题筛选与分析时长为5~10秒)。

表5-6　物流问题筛选与分析表

物流问题的类型	与物流相关的问题

续表

物流问题的类型	与物流相关的问题

> 实践小贴士

物流问题的类型

1. 物流服务类问题

物流服务是指物流企业能提供的服务。物流企业是指专门从事物流活动的经济组织，主要负责货物的运输、储存、装卸、配送等，其运作类型大致可以划分为企业自营物流、第三方物流、物流联盟、物流一体化等。在电商活动中，常见的物流企业有顺丰、中通、圆通等。

例如，"可以发顺丰吗""包邮吗""发什么快递""可以指定发哪个快递吗""可以送货上门吗"等，这些都属于物流服务类问题。

2. 物流时效类问题

物流时效是指用户从下单到收到包裹的总时长，是衡量物流速度的重要指标。常见的物流时效有当日送达、半日达、次日达、5天内送达等，一般最长不会超过10天。不过需要注意的是，物流时效只是一个时间范围，并不是恒定不变的，受不可抗力因素的影响，物流时效也会有所波动。

例如，"3天内可以收到货吗""我现在下单，明天能送到吗""发北京几天能到"等，这些都属于物流时效类问题。

3. 发货时间类问题

发货时间是指用户下单付款后，商家按照付款顺序，在约定时间内从仓库发货的时间。一般情况下，淘宝平台的普通商品如未设置发货时间，默认48小时内发货；定制、预售等特殊商品，商家与用户约定了发货时间的，则可以按约定时间发货。

例如，"3天内能发货吗""拍下后能立即发货吗""预售多长时间内能发货""可以尽快发货吗"等，这些都属于发货时间类问题。

二、物流问题解答

物流问题解答是指主播针对用户所提出的与物流相关的重要问题，做出有效回复，为用户答疑解惑。主播在进行物流问题解答时，一般需要抓住与其相关的关键要素，然后快速组织语言，以简洁明了的语言向用户清晰传递物流相关信息，使用户能够对商家提供的物流服务有客观明确的了解。请针对筛选并分析好的物流问题，分别写出对应的问题解答话术，并完成表 5-7（物流问题解答时长为 5～60 秒）。

表 5-7　物流问题解答表

物流问题的类型	与物流相关的问题	物流问题解答话术

> **实践小贴士**

物流问题解答话术

1. 物流服务类问题

常见的物流企业包括顺丰、中通、圆通等。物流企业不同，提供的主要服务不同，物流效率及服务质量也各不相同。在回答物流服务类问题时，主播需要结合用户提问的关键词，从产品信息中提取与物流企业相关的关键要素，突出该物流企业的优势或服务质量的良好表现，并组织语言回答。

例如，用户提问"发什么快递"，从"什么快递"可知，这是针对物流企业的选择进行的提问，主播可以从产品信息中提取与物流企业相关的关键要素"顺丰快递配送"，同时向用户介绍该物流企业速度快、可以提供送货上门服务、服务质量好等方面的优势，带给用户良好的购物体验。

主播可以这样回答："我们用顺丰快递，除中国港澳台及海外等地区不发货之外，其他地区都会从全国各地的分仓就近发货，一般大家很快就能收到货。另外，根据大家的需求，还能提供送货上门服务。"

2. 物流时效类问题

物流时效又被称为物流的生命周期。对于物流企业来说，物流时效越高，说明其送货速度越快、服务质量越高，用户收到货物的时间也越早。在回答物流时效类问题时，主播需要结合用户提问的关键词，根据不同地区的平均配送时效，为用户提供一个时间参考范围，并组织语言回答。

例如，用户提问"发北京几天能到"，从"几天能到"可知，这是针对物流时效进行的提问，主播可以结合店铺物流数据分析及自己的工作经验，根据用户所在地区给出一个时间参考范围。

主播可以这样回答："我们用顺丰快递，湖南省内的一般1～2天送达，省外的一般3～5天送达，偏远地区一般5～7天送达，具体情况还要看当地仓库的发货速度。"

3. 发货时间类问题

发货时间会影响用户收到货物的时间早晚。发货时间越早，用户收到货物的时间就越早；反之则越晚。商家一般可以根据营销需求，在电商平台后台设置默认发货时间，或者和用户协商后，确定发货时间。在回答发货时间类问题时，主播需要结合用户提问的关键词，从产品信息中提取与发货时间相关的关键要素，根据店铺实际运营情况，告知用户默认发货时间，并组织语言回答。

例如，用户提问"拍下后能立即发货吗"，从"立即发货"可知，这是针对发货时间进行的提问，主播可以从产品信息中提取与发货时间相关的关键要素"默认24小时内发货"，同时结合店铺实际发货情况及运营情况，根据用户所在地区给出一个时间参考范围。

主播可以这样回答："我们一般在24小时内发货，顺丰快递配送，省内的一般在3天内到货，偏远地方可能会久一些，一般为7天左右。另外，中国港澳台及海外等地区，暂时无法发货。"

三、物流问题答疑直播

物流问题答疑直播是指主播在直播过程中，以物流问题解答话术为核心，设计合适的演示方法，帮助用户解决问题，打消用户购物顾虑的过程。在物流问题答疑直播过程中，除了运用物流问题解答话术，主播还需要设计合适的演示方法，让直播氛围更加活跃，增强直播感染力。通常在直播过程中，主播会通过灵活运用手势和表情等演示方法来对物流问题进行解答。

请根据以上内容，梳理小鱼干的物流问题解答话术，设计合适的演示方法，完成物流问题答疑直播脚本（见表5-8），并在直播实训室进行小鱼干的物流问题答疑直播（物流问题答疑直播时长为1~3分钟）。

表5-8 物流问题答疑直播脚本

具体时间	环节	话术内容	备注（演示方法）
	物流问题的筛选与分析		
	物流问题解答		

实践小贴士

物流问题答疑直播演示方法

主播在介绍物流信息的过程中，为了将自己的指令、意向更加清晰地传达给用户，可以灵活运用手势和表情，以此引起用户的情感共鸣，帮助用户深入理解物流信息。

例如，在回答"3天内可以收到货吗"这个问题时，主播在可以通过友好的表情、表示时间数字的手势及放松的肢体动作，向用户展现出具有亲和力的一面，拉近与用户之间的距离，给用户留下良好的印象。

任务拓展

请根据西湖龙井茶信息汇总，再结合上述内容，在直播实训室完成西湖龙井茶"品春茶幸福行"活动的物流问题答疑直播，包括物流问题的筛选与分析、物流问题解答两个环节，并对两个环节进行具体时间安排、物流问题答疑话术设计和演示方法设计（物流问题答疑直播时长为1~3分钟）。

📩 知识拓展

物流企业的运作类型

在我国，目前大多数物流企业的运作类型分为以下几种。

1. 企业自营物流

企业自营物流是指企业自身经营物流，包括完全型自营、管理型自营和整合型自营。其中，完全型自营是指企业为适应电商需要，对物流各功能、各环节进行研究和管理，自行建立了一个功能齐全、环节配套的物流运作系统。管理型自营是指企业在掌握物流管理主要权力的前提下，将有关的物流作业委托给专业物流企业，或者物流服务的基础设施为企业所有，但委托专业物流企业来运作。整合型自营是指企业将各种物流资源系统、物流活动系统及企业内外各种系统用供应链思维进行整合、集成，形成统一、高效的物流管理体系。

2. 第三方物流

第三方物流是物流产业专业化发展和分工细化的结果，它是由相对"第一方"发货人和"第二方"收货人而言的第三方专业企业来承担物流活动的一种运作类型。第三方物流企业通过与第一方或第二方的合作为客户提供专业化的物流服务，它不拥有商品、不参与商品买卖，而是为客户提供以合同为约束、以结盟为基础的，系列化、个性化、信息化的物流代理服务。

3. 物流联盟

物流联盟是指为降低交易费用，由多家物流企业或生产制造实体企业构成的联合体。它是在电商基础上出现的，是一种介于自营和外包之间的运作类型，可以有效降低前两种类型的风险。这种运作类型的主要特征是费用、风险共担和利益共享，可以通过互联网技术将分散的单个企业有效地连接起来，从而进行统一计划、统一调度，提高配送效率。

4. 物流一体化

物流一体化是指以物流系统为核心，由生产企业，经由物流企业、销售企业，直至消费者的供应链的整体化和系统化，其中物流企业与生产企业为代理合作关系。物流一体化是建立在物流成熟发展和电商高度应用的基础之上的，旨在消除供应链上下游成员之间的利益冲突，提高物流体系的运作效率。

📒 任务评价

根据表5-9的实践内容，学生进行实践自评，教师根据学生的实践情况进行评价。

表 5-9　物流问题答疑评价表

实践	实践内容	实践自评	教师评价
物流问题的筛选与分析	了解物流问题的类型	□能够掌握 □有点掌握 □完全不会	□优秀 □良好 □一般 □有待改进
	能筛选并分析与物流相关的问题	□能够掌握 □有点掌握 □完全不会	
物流问题解答	掌握物流问题解答话术	□能够掌握 □有点掌握 □完全不会	□优秀 □良好 □一般 □有待改进
物流问题答疑直播	能用合适的演示方法配合物流问题答疑直播	□能够掌握 □有点掌握 □完全不会	□优秀 □良好 □一般 □有待改进

实践任务三　退换货问题答疑

📝 任务描述

在退换货问题答疑直播时，林畅需要先对与退换货相关的问题进行筛选与分析，识别退换货问题的类型，然后结合问题类型，抓住退换货信息中的关键要素，以简洁明了的词句灵活快速地组织语言，最终完成退换货问题答疑直播。

📚 任务目标

1. 根据退换货问题的类型，能够完成退换货问题的筛选与分析。
2. 根据退换货问题解答话术，能够对退换货问题进行解答。
3. 根据筛选并分析好的退换货问题及组织好的退换货问题解答话术，设计相关直播演示方法，完成退换货问题答疑直播。

🖱 任务实践

一、退换货问题的筛选与分析

在进行退换货问题答疑之前，主播需要对与退换货相关的问题进行筛选与分析，了解用户办理退换货的原因及疑惑，从而有针对性地帮助用户解决问题，使用户感受到店铺优质的售后服务。通常主播会浏览直播间用户实时发布的弹幕，从中筛选出与退换货相关的问题，并对其进行分析。请根据产品运营提供的小鱼干信息汇总，帮助林畅在直播弹幕中筛选出与退换货相关的问题，分析问题类型，并完成表 5-10（退换货问题筛选与分析时长为 5～10 秒）。

表 5-10　退换货问题筛选与分析表

退换货问题的类型	与退换货相关的问题

续表

退换货问题的类型	与退换货相关的问题

> 实践小贴士

退换货问题的类型

1. 订单异常类问题

订单异常是指用户购买产品后，却迟迟收不到。订单异常通常会导致出现退换货问题，造成这种问题的原因通常包括联系电话错误、地址错误、丢件、漏件或交易不符合规定不能发货等。

例如，"我的快递已经8天了，还没送到，我要怎么退换货""我的快递丢件了，我要退换货，怎么处理"等，这些都属于订单异常类问题。

2. 货物受损类问题

货物受损是指用户收到产品之后，发现里面的产品受到损坏，出现质量问题而不能使用。货物受损的原因通常包括产品本身存在质量问题、自然灾害的影响、包装不够完善、防护措施不到位和其他不可抗力因素的影响。

例如，"我收到产品之后，发现里面有一包没封好，都变质了，我要退换货，怎么处理""盒子好像掉进水里了，产品都损坏了，我要退换货，怎么处理"等，这些都属于货物受损类问题。

3. 7天无理由类问题

7天无理由是为了保护消费者的合法权益，除特殊产品外，一般产品自到货之日起7日内，用户有权退换货且无须说明理由。用户通常会因为对产品不满意、产品存在质量问题或不方便收货而选择退换货。

例如，"我不想要了，要退货，怎么处理""我搬家了，原地址不能收货，我要退换货，怎么处理"等，这些都属于7天无理由类问题。

二、退换货问题解答

退换货问题解答是指主播针对用户所提出的与退换货相关的重要问题，做出有效回复，为用户答疑解惑，提供安心无忧的售后保障服务。主播在进行退换货问题解答时，一般需要抓住与其相关的关键要素，然后快速组织语言，安抚用户情绪，为用户提出明确的解决方案，并安排售后客服人员进行处理，提高用户满意度，树立良好的企业品牌形象。请针对筛选并分析好的退换货问题，分别写出对应的问题解答话术，并完成表5-11（退换货问题解答时长为5~60秒）。

表5-11 退换货问题解答表

退换货问题的类型	与退换货相关的问题	退换货问题解答话术

实践小贴士

退换货问题解答话术

1. 订单异常类问题

物流出现问题或交易不符合规定，就会出现订单异常的情况。当订单异常时，售后客服人员应该向用户解释原因，与用户协商换货、补发。用户要求退货时，需要按照店铺售后流程办理退货。在回答订单异常类问题时，主播需要结合用户提问的关键词，从产品信息中提取与订单异常相关的关键要素，做好售后服务工作，并组织语言回答。

例如，用户提问"我的快递丢件了，我要退换货，怎么处理"，从"丢件""退换货"可知，这是针对订单异常进行的提问，主播可以从产品信息中提取与订单异常相关的关键要素，向用户解释原因，同时帮助用户接入售后客服后台，让售后客服人员对接处理。

主播可以这样回答："您不要着急，我们先让售后客服人员帮您查一查，具体情况您可以告诉我们的售后客服人员，让他帮您处理。"

2. 货物受损类问题

货物受损时，需要核查货物的损坏是由人为因素造成的还是由非人为因素造成的。如果是由用户个人使用不当造成货物受损的，主播需要安抚用户情绪，向用户解释店铺的退换货规则。如果是由非人为因素造成货物受损的，企业需要进行赔偿，主播应根据用户需求，安排补发或办理退货。在回答货物受损类问题时，主播需要结合用户提问的关键词，从产品信息中提取与退换货相关的关键要素，做好售后服务工作，并组织语言回答。

例如，用户提问"我收到产品之后，发现里面有一包没封好，都变质了，我要退换货，怎么处理"，从"没封好""退换货"可知，这是针对货物受损进行的提问，主播可以从产品信息中提取与售后服务相关的关键要素"支持7天无理由退换货（不影响二次销售的情况下），非质量问题需由买家承担寄回运费"，先安抚用户情绪，同时帮助用户接入售后客服后台，让售后客服人员对接处理。

主播可以这样回答："如果货物受损是由非人为因素造成的，我们是支持7天无理由退换货的。您先不要着急，具体情况可以联系我们的售后客服人员帮您处理。"

3. 7天无理由类问题

用户看到产品的图片或视频后，会对产品产生一定的心理预期。当用户收到产品之后，发现产品与自己的心理预期不符，就会产生退换货的想法。用户退换货的理由具有多样化的特点，但是如果售后客服人员能够合理、及时地处理，那么部分退换货问题是可以避免的。在回答7天无理由类问题时，主播需要结合用户提问的关键词，从产品信息中提取与退换货相关的关键要素，根据用户的要求先查明原因，尽量引导消费者取消退换货，并组织语言回答。

例如，用户提问"我不想要了，要退货，怎么处理"，从"不想要""退货"可知，这是针对7天无理由进行的提问，主播可以从产品信息中提取与售后服务相关的关键要素"支持7天无理由退换货（不影响二次销售的情况下），非质量问题需由买家承担寄回运费"，向用户耐心讲解7天无理由退换货的规则，同时帮助用户接入售后客服后台，让售后客服人员对接处理。

主播可以这样回答："在不影响二次销售的情况下，我们是支持7天无理由退换货的。您可以后台联系我们的售后客服人员帮您处理。"

三、退换货问题答疑直播

退换货问题答疑直播是指主播在直播过程中，以退换货问题解答话术为核心，设计合适的演示方法，帮助用户解决问题，打消用户购物顾虑的过程。在退换货问题答疑直播过程中，除了运用退换货问题解答话术，主播还需要设计合适的演示方法，让直播氛围更加活跃，增强直播感染力。通常在直播过程中，主播会通过灵活运用手势和表情等演示方法来对退换货问题进行解答。

请根据以上内容，梳理小鱼干的退换货问题解答话术，设计合适的演示方法，完成退换货问题答疑直播脚本（见表5-12），并在直播实训室进行小鱼干的退换货问题答疑直播（退换货问题答疑直播时长为1～3分钟）。

表 5-12 退换货问题答疑直播脚本

具体时间	环节	话术内容	备注（演示方法）
	退换货问题的筛选与分析		
	退换货问题解答		

实践小贴士

退换货问题答疑直播演示方法

主播在介绍退换货信息的过程中，为了将自己的指令、意向更加清晰地传达给用户，可以灵活运用手势和表情，以此引起用户的情感共鸣，帮助用户深入理解退换货信息。

例如，在回答"我不想要了，要退货，怎么处理"这个问题时，主播可以通过友好的表情及放松的肢体动作，向用户讲解产品的售后服务相关内容，以亲切耐心的语气向用户说明产品可靠的售后服务保障，使用户对店铺产生良好的印象，促使用户下单。

任务拓展

请根据西湖龙井茶信息汇总，再结合上述内容，在直播实训室完成西湖龙井茶"品春茶幸福行"活动的退换货问题答疑直播，包括退换货问题的筛选与分析、退换货问题解答两个环节，并对这两个环节进行具体时间安排、退换货问题答疑话术设计和演示方法设计（退换货问题答疑直播时长为1～3分钟）。

知识拓展

退换货问题沟通的基本态度

在进行退换货问题沟通时，主播一般需要秉持以下几种基本态度。

1. 致歉

用户决定退换货，一般都是因为对产品不满意。主播第一时间致歉会让用户愤怒、不满的情绪有所平复。然后，主播应耐心地安抚用户，将沟通调至较为和谐的状态，并了解用户的订单情况，做出有效回复。

2. 衡量问题的轻重缓急

导致用户退换货的原因比较多，根据问题出现的原因及用户的紧急程度和迫切性，对问题的轻重缓急做出科学合理的安排，然后站在用户的角度去思考问题，给用户提供高质量的售后服务。

3. 缓和沟通氛围

要想顺利、高效地解决问题，需要从冷静的思考、合适的语言表达、避免争吵、协调双方利益4个方面入手，缓和沟通氛围。当用户情绪激动，盲目坚持自己的主观立场时，主播需要注意说话的语气，避免和用户发生争吵，冷静耐心地引导用户表达诉求，然后以用户的利益为主，在确保企业利益不受损害的情况下，协调双方利益，寻求尽可能完善的解决方案。

任务评价

根据表5-13的实践内容，学生进行实践自评，教师根据学生的实践情况进行评价。

表5-13 退换货问题答疑评价表

实践	实践内容	实践自评	教师评价
退换货问题的筛选与分析	了解退换货问题的类型	□能够掌握 □有点掌握 □完全不会	□优秀 □良好 □一般 □有待改进
	能筛选并分析与退换货相关的问题	□能够掌握 □有点掌握 □完全不会	
退换货问题解答	掌握退换货问题解答话术	□能够掌握 □有点掌握 □完全不会	□优秀 □良好 □一般 □有待改进
退换货问题答疑直播	能用合适的演示方法配合退换货问题答疑直播	□能够掌握 □有点掌握 □完全不会	□优秀 □良好 □一般 □有待改进

实践任务四 其他问题答疑

任务描述

在其他问题答疑直播时，林畅需要先对其他问题进行筛选与分析，识别其他问题的类型，然后结合问题类型，抓住信息中的关键要素，以简洁明了的词句灵活快速地组织语言，最终完成其他问题答疑直播。

任务目标

1. 根据其他问题的类型，能够完成其他问题的筛选与分析。
2. 根据其他问题解答话术，能够对其他问题进行解答。
3. 根据筛选并分析好的其他问题及组织好的其他问题解答话术，设计相关直播演示方法，完成其他问题答疑直播。

任务实践

一、其他问题的筛选与分析

在进行其他问题答疑之前，主播需要对其他问题进行筛选与分析，了解其他问题的类型，选择出用户真正关心，并且自己能够给予准确、有效回复的问题。通常主播会浏览直播间用户实时发布的弹幕，从中筛选出其他问题，并对其进行分析。请根据产品运营提供的小鱼干信息汇总，帮助林畅在直播弹幕中筛选出其他问题，分析问题类型，并完成表 5-14（其他问题筛选与分析时长为 5~10 秒）。

表 5-14 其他问题筛选与分析表

其他问题的类型	其他问题

实践小贴士

其他问题的类型

1. 优惠类问题

优惠是指产品或营销活动的优惠力度及优惠形式,包括满减优惠券、买赠、满折、满送等。用户在网购时,不仅关注产品的品质,还关注产品的优惠力度。一般而言,优惠力度越大,对用户的吸引力越强。

例如,"有活动吗""可以优惠吗""多买可以送一盒吗""有什么周边礼物赠送吗"等,这些都属于优惠类问题。

2. 下次开播时间类问题

下次开播时间也就是下次直播开始的时间。一般情况下,在预告下次开播时间时,也会对下次直播活动的内容进行简单介绍,吸引用户关注直播活动,为下次直播引流。

例如,"明天几点开播呢""明天晚上有直播吗""麻辣味小鱼干明晚直播还卖吗""下次直播是什么时候呢"等,这些都属于下次开播时间类问题。

3. 疑难类问题

疑难类问题是指用户在选购产品的过程中所产生的一系列比较难以解答的问题,以及黑粉的恶意评论或误导性评论等。

例如,"链接怎么点不进去""为什么无法下单购买呢""优惠券为什么用不了"等,这些都属于疑难类问题。

二、其他问题解答

其他问题解答是指主播针对用户关注度较高,却不属于产品、物流、退换货等基础内容范围的问题进行回复,以此活跃直播氛围,吸引用户关注并参与活动,使用户对产品或店铺的营销活动有更加深入的了解。主播在进行其他问题解答时,一般需要抓住与其相关的关键要素,然后快速组织语言,以简洁明了的语言帮助用户有效解决问题。请针对筛选并分析好的其他问题,分别写出对应的问题解答话术,并完成表5-15(其他问题解答时长为5~60秒)。

表 5-15　其他问题解答表

其他问题的类型	其他问题	其他问题解答话术

> **实践小贴士**

其他问题解答话术

1. 优惠类问题

优惠是吸引用户关注，刺激用户消费的有效方式。在直播活动中，商家通常会用各种优惠方式来吸引用户参与。在回答优惠类问题时，主播需要结合用户提问的关键词，熟识营销活动内容及参与方式，从产品信息中提取与优惠相关的关键要素，向用户清楚地讲解优惠条件及活动规则。

例如，用户提问"有活动吗"，从"活动"可知，这是针对优惠进行的提问，主播可以结合营销活动内容，从产品信息中提取与活动优惠相关的关键要素"立减 5 元"，向用户清楚地讲解优惠力度及活动参与方式。

主播可以这样回答："我们这款小鱼干今天的优惠力度很大，原价 29.9 元，现在下单即可享受立减 5 元的优惠，只要 24.9 元，您可以点击产品链接下单购买。"

2. 下次开播时间类问题

下次开播时间是通过预告的方式为下次直播进行引流，一般在本场直播快结束时，或者某款产品抢购一空，用户还想购买时，会有用户提问下次开播时间或某款产品下次售卖的时间。在回答下次开播时间类问题时，主播需要结合用户提问的关键词，根据店铺营销需求及直播活动规划，明确地向用户告知具体的直播时间及直播内容，提醒用户准时观看。

例如，用户提问"明天晚上有直播吗"，从"有直播吗"可知，这是针对下次开播时间进行的提问，主播可以根据店铺具体的直播安排，向用户进行直播预告。

主播可以这样回答："明天 18:00 是我们的零食专场，到时候我们会准时进行直播，优惠多多，还请大家明天 18:00 准时观看。"

3. 疑难类问题

有些疑难类问题是主播可以通过讲解解决的，有些则需要后台工作人员进行处理，有些则为黑粉刻意抹黑。在回答疑难类问题时，主播需要辨析问题的重点，忽视黑粉的抹黑行为，当黑粉行为恶劣时，主播可以让后台工作人员将其禁言。如果是专业问题，需要后台工作人员操作才能解决时，主播应安抚用户情绪，请后台工作人员及时处理，问题解决之后，及时告知用户。如果是过于复杂的问题，一时难以解释清楚，则可以引导用户与后台工作人员进行对接。

例如，用户提问"链接怎么进不了"，从"链接""进不了"可知，这是疑难类的提问，主播可以安抚用户情绪，向后台工作人员说明情况，请后台工作人员解决，并将处理结果告诉用户。

主播可以这样回答："大家先不要着急，让我们的后台工作人员现在帮大家看一下。（后台工作人员处理好了之后）好了，现在麻辣小鱼干可以点击链接购买了，需要购买的用户可以立即下单。"

三、其他问题答疑直播

其他问题答疑直播是指主播在直播过程中，以其他问题解答话术为核心，设计合适的演示方法，帮助用户解决问题，打消用户购物顾虑的过程。在其他问题答疑直播过程中，除了运用其他问题解答话术，主播还需要设计合适的演示方法，让直播氛围更加活跃，增强直播感染力。通常在直播过程中，主播会通过全方位展示产品细节、灵活运用手势和表情等演示方法来对其他问题进行解答。

请根据以上内容，梳理小鱼干的其他问题解答话术，设计合适的演示方法，完成其他问题答疑直播脚本（见表 5-16），并在直播实训室进行小鱼干的其他问题答疑直播（其他问题答疑直播时长为 1～3 分钟）。

表 5-16 其他问题答疑直播脚本

具体时间	环节	话术内容	备注（演示方法）
	其他问题的筛选与分析		

续表

具体时间	环节	话术内容	备注（演示方法）
	其他问题解答		

> 📧 **实践小贴士**

其他问题答疑直播演示方法

1. 全方位展示产品细节

主播在介绍产品的过程中，可以向用户展示产品的外观、大小、颜色、材质等，让用户能够近距离、全方位地观察到产品细节，提升对产品的认知度。在这一过程中，主播通常会用双手拿着产品展示产品细节，同时会进行产品介绍。

例如，在回答"可以优惠吗"这个问题时，主播可以拿出对应的产品，向用户边展示、边讲解优惠活动，增强信息传递的准确性。

2. 灵活运用手势和表情

主播在介绍产品的过程中，为了将自己的指令、意向更加清晰地传达给用户，可以灵活运用手势和表情，以此引起用户的情感共鸣，帮助用户深入理解信息。

例如，在回答"下次直播是什么时候呢"这个问题时，主播可以保持微笑，以具有亲和力的表情及表示下次直播时间的数字手势，热情耐心地解答用户的问题，提升用户对主播及直播间的好感度。

📁 任务拓展

请根据西湖龙井茶信息汇总，再结合上述内容，在直播实训室完成西湖龙井茶"品春茶 幸福行"活动的其他问题答疑直播，包括其他问题的筛选与分析、其他问题解答两个环节，并对这两个环节进行具体时间安排、其他问题答疑话术设计和演示方法设计（其他问题答疑直播时长为1~3分钟）。

📩 知识拓展

直播答疑的基本要求

主播在进行直播答疑时，需要满足以下4个基本要求。

1. 专业

专业主要表现在两个方面：一是主播对产品的了解程度，主播只有对产品了解得全面、透彻，在直播讲解产品时才会游刃有余，凸显出自己的专业性，才会让用户产生信任；二是主播语言表达方式的成熟度，相同的意思，由经验丰富的主播说出来，往往比由新手主播说出来更容易赢得用户的认可和信任，这是因为经验丰富的主播语言表达方式更成熟，他们知道如何才能让自己的语言具有说服力。

2. 真诚

在直播过程中，主播不能一味地去讨好用户，而应该与用户交朋友，以真诚的态度和话语来介绍产品。真诚的态度和话语容易使用户与主播产生共鸣，拉近主播与用户之间的距离，使用户产生信任感。

3. 富有趣味性

富有趣味性是指主播要提升幽默感，在直播过程中不能让用户感觉到枯燥无味。富有趣味性的语言能够打破常规的讲解形式，使直播氛围更加活跃，能够提升用户的参与感，容易让用户产生亲切感。

4. 有效

用户提出问题之后，最希望能够得到一个具体的、可实施的解决方案。面对用户的提问，主播不能以敷衍的态度处理问题，而是应在维护企业利益的基础上，充分考虑用户的需求，在可执行范围之内，给出用户具体的解决方案。

任务评价

根据表 5-17 的实践内容，学生进行实践自评，教师根据学生的实践情况进行评价。

表 5-17　其他问题答疑评价表

实践	实践内容	实践自评	教师评价
其他问题的筛选与分析	了解其他问题的类型	□能够掌握 □有点掌握 □完全不会	□优秀 □良好 □一般 □有待改进
	能筛选并分析其他问题	□能够掌握 □有点掌握 □完全不会	

续表

实践	实践内容	实践自评	教师评价
其他问题解答	掌握其他问题解答话术	☐能够掌握 ☐有点掌握 ☐完全不会	☐优秀 ☐良好 ☐一般 ☐有待改进
其他问题答疑直播	能用合适的演示方法配合其他问题答疑直播	☐能够掌握 ☐有点掌握 ☐完全不会	☐优秀 ☐良好 ☐一般 ☐有待改进

职业视窗

规范网络直播行为，真心诚意服务用户

高质量发展是全面建设社会主义现代化国家的首要任务。党的二十大报告提出，加快发展数字经济，促进数字经济和实体经济深度融合，打造具有国际竞争力的数字产业集群。电商直播作为促进企业发展与经济增长的一种新模式、新业态，呈现出高速发展的态势。随着数字化信息技术的进步，许多知名电商企业崛起，它们在激发市场消费潜力、为消费者提供优质产品和服务方面做出了积极贡献。但是，电商直播作为企业营销的一种新形式，也难免会出现各种问题。

某主播在直播间推荐一款饮品时，刻意用其他电商平台上的高价做对比，以此表现直播间的产品价格最低，使消费者产生直播间产品性价比高的错觉。实际上，该款饮品的成本原本就很低，其他电商平台上显示的同款高价也是主播用自己的店铺做出的假象，目的就是迷惑消费者，然后打折低价销售自己的产品。该主播这种利用使人误解的价格手段诱骗消费者的行为涉嫌违反了《中华人民共和国电子商务法》《中华人民共和国价格法》等相关法律条文。

为了切实保护消费者的合法权益，打造良好的消费环境，促进电商直播的健康发展，我国不断完善相关法律法规。

《网络交易监督管理办法》第十四条：网络交易经营者不得违反《中华人民共和国反不正当竞争法》等规定，实施扰乱市场竞争秩序，损害其他经营者或者消费者合法权益的不正当竞争行为。

网络交易经营者不得以下列方式，作虚假或者引人误解的商业宣传，欺骗、误导消费者：

（一）虚构交易、编造用户评价；

（二）采用误导性展示等方式，将好评前置、差评后置，或者不显著区分不同商品或者服务的评价等；

（三）采用谎称现货、虚构预订、虚假抢购等方式进行虚假营销；

（四）虚构点击量、关注度等流量数据，以及虚构点赞、打赏等交易互动数据。

网络交易经营者不得实施混淆行为，引人误认为是他人商品、服务或者与他人存在特定联系。

网络交易经营者不得编造、传播虚假信息或者误导性信息，损害竞争对手的商业信誉、商品声誉。

净化网络交易空间，营造安全放心的网络消费环境，经营者需要严格遵守各项法律法规，坚持以消费者为中心，全心全意为消费者服务的理念，诚信经营、用心服务，只有这样企业才能实现长久发展，我国经济才有可能实现质的有效提升和量的合理增长。

项目检测一

一、单选题

1. （　　）是指企业已经完成全部生产过程，并已入库，可以作为商品直接对外出售的产品，以及企业从外部购入可直接用于出售的产品。

　　A．产品属性　　　　　　B．产品价格
　　C．产品库存　　　　　　D．产品质量

2. 用户在直播间下单了一件毛衣，要求3天内必须送达，但正常物流时效为5天左右，这种情况下主播应（　　）。

　　A．隐瞒实际物流时效　　B．要求用户退款
　　C．根据用户需求灵活协调　D．不予理会

3. 下面不属于物流时效的是（　　）。

　　A．当日送达　　　　　　B．半日达
　　C．次日达　　　　　　　D．48小时内发货

二、多选题

1. 出现订单异常的原因通常包括（　　）。

　　A．电话错误　　　　　　B．地址错误

C．丢件、漏件　　　　　　　D．7天无理由

2．常见的物流企业运作类型有（　　　）。

A．企业自营物流　　　　　　B．第三方物流

C．物流联盟　　　　　　　　D．物流一体化

3．产品问题答疑直播的重要性包括（　　　）。

A．直播"有话说"

B．缓和沟通氛围

C．拉近主播与用户之间的距离

D．有效推荐产品

三、判断题

1．在直播过程中，主播需要尽力讨好用户，从而提高产品销量。（　　）

2．当用户因为个人原因导致购买的产品出现损坏时，主播需要向用户进行赔偿。（　　）

3．发货时间是指用户从下单到收到包裹的总时长，是衡量物流速度的重要指标。（　　）

四、实践操作

请结合所学知识，模拟一场其他问题答疑直播，内容包括问题类型、用户提问、主播答疑等，填写表5-18。

表 5-18　其他问题答疑

问题类型	用户提问	主播答疑	备注（演示方法）

项目检测二

一、单选题

1．主播在进行产品问题答疑过程中，为了让用户近距离了解产品，可以（　　　）。

A．全方位展示产品细节   B．口头讲解

C．运用手势   D．使用表情

2．（　　）是指以物流系统为核心，由生产企业，经由物流企业、销售企业，直至消费者的供应链的整体化和系统化。

A．企业自营物流   B．第三方物流

C．物流联盟   D．物流一体化

3．主播对产品的了解程度和语言表达方式的成熟度，体现了主播的（　　）。

A．快捷性   B．专业

C．诚信   D．信任度

二、多选题

1．在处理退换货问题时，为了缓和沟通氛围，主播应该从（　　）入手。

A．坚持自我立场   B．协调双方利益

C．冷静的思考   D．合适的语言表达

2．影响产品价格波动的因素一般包括（　　）。

A．原材料   B．生产成本

C．营销费用   D．产品口味

3．主播在进行直播答疑时，其基本要求包括（　　）。

A．专业   B．真诚

C．富有趣味性   D．有效

三、判断题

1．产品质量是指国家的有关法规、质量标准及合同规定的对产品适用性、安全性和其他特性的要求。（　　）

2．企业自营物流包括完全型自营、管理型自营和整合型自营。（　　）

3．对于物流企业来说，物流时效越高，说明物流企业的送货速度越慢，用户收到货物的时间越晚。（　　）

四、实践操作

请结合所学知识，模拟一场产品问题答疑直播，内容包括问题类型、用户提问、主播答疑等，填写表 5-19。

表 5-19 产品问题答疑

问题类型	用户提问	主播答疑	备注（演示方法）

实践项目六

下播

项目情景

完成直播答疑后,主播就要准备下播了。在下播前,主播需要对直播间还未付款的用户进行及时追单,刺激更多用户产生购买行为。另外,主播需要提前告知直播间用户下次直播的时间、产品和福利,为下次直播做好引流。最后,主播要向用户礼貌告别,感谢用户的观看和对产品的购买。

某电商公司在 6 月 1 日要进行一场"零食狂欢节"直播活动,公司安排林畅作为本场直播的主播,林畅根据产品运营和导播提供的信息已经完成了直播开场、产品直播推介、直播互动和直播答疑等话术的准备,接下来林畅还需要准备下播话术,包括直播追单话术、直播预告话术及直播告别话术,引导更多用户下单,礼貌同用户告别,并为下次直播做好引流。

项目实践导图

```
                                  ┌── 一、产品问题的筛选与分析
                ┌─ 实践任务一 产品问题答疑 ─┼── 二、产品问题解答
                │                 └── 三、产品问题答疑直播
                │
                │                 ┌── 一、物流问题的筛选与分析
                ├─ 实践任务二 物流问题答疑 ─┼── 二、物流问题解答
实践项目五 直播答疑 ─┤                 └── 三、物流问题答疑直播
                │
                │                 ┌── 一、退换货问题的筛选与分析
                ├─ 实践任务三 退换货问题答疑 ┼── 二、退换货问题解答
                │                 └── 三、退换货问题答疑直播
                │
                │                 ┌── 一、其他问题的筛选与分析
                └─ 实践任务四 其他问题答疑 ─┼── 二、其他问题解答
                                  └── 三、其他问题答疑直播
```

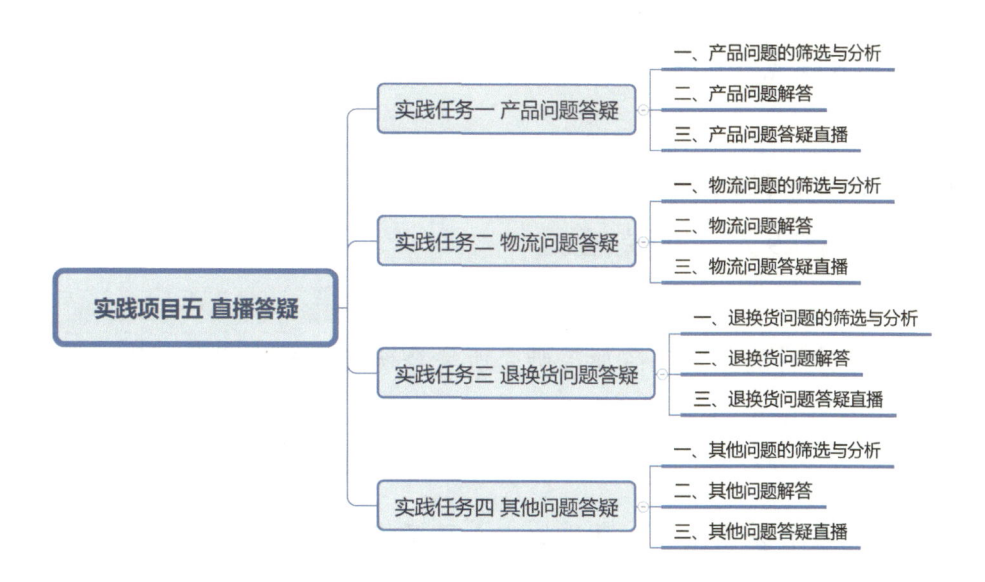

实践任务一　直播追单

任务描述

"零食狂欢节"直播活动结束下播前,林畅需要进行一次追单。首先,林畅需要把整场直播的产品快速再讲解一遍,唤起用户对整场直播产品的记忆,从而使用户产生更多的购买行为。其次,林畅需要营造紧迫感,不断提醒用户即时销量,凸显出畅销局面,刺激用户主动下单。最后,可能有一些用户会犹豫不决,这时就需要林畅用督促用户付款的话术进行督促。

土豆原切款薯片信息汇总

（一）产品图片

土豆原切款薯片如图 6-1 所示。

图 6-1　土豆原切款薯片

（二）产品信息及卖点

1．价格

原价：1 盒 11.9 元，500 克/盒。

直播间价格：2 盒 7.9 元，500 克/盒。

2．制作工艺

本产品由云南省农科院和农产品加工研究所联合研制。专家团队研制，品质更佳，吃得更放心。

3．原料及产地

本产品严选高原非转基因土豆，高原的生态环境健康，阳光充足、雨水充沛，土豆个大饱满、色泽金黄、皮薄易削。每片薯片薄至1毫米，香酥爽脆。另外，本产品采用高原人工种植的植物香辛料，无任何添加剂和防腐剂。

4．口味

（1）麻辣味土豆片：选用合作88号土豆切片，精心研制，鲜香麻辣、香脆爽口，辣得"上瘾"。

（2）糊辣味土豆片：多种配料精心研制，有麻辣的香脆，也有糊辣的风味。

（3）麻辣味土豆丝：一根根像薯条一样的土豆丝，爽口不油腻。

5．物流

全场包邮，现拍现发，7天无理由退换货。

6．赠品

拍2盒送250克，拍3盒送500克。

乳酸菌布丁信息汇总

（一）产品图片

乳酸菌布丁如图6-2所示。

图6-2 乳酸菌布丁

（二）产品信息及卖点

1．价格

原价：32个22.9元（混合口味）。

直播间价格：32个16.9元（混合口味）。

2．制作工艺

本产品采用新西兰脱脂乳粉，粉质细腻，含乳酸菌。0脂肪，不含反式脂肪酸。另外，本产品含有乳酸菌爆珠，其主要成分是海藻提取物和高浓缩乳酸菌发酵饮料原液。

3．口味

草莓味、黄桃味、香橙味、葡萄味、菠萝味、百香果味、苹果味。

4．包装风格

时尚小清新袋装设计，方便携带分享。

5．物流

全场包邮，现拍现发，7天无理由退换货。

6．赠品

拍2份送5个混合口味布丁；拍3份送10个混合口味布丁。

大辣片信息汇总

（一）产品图片

大辣片如图6-3所示。

图6-3 大辣片

（二）产品信息及卖点

1．价格

原价：5包29.9元，10片/包，到手50片。

直播间价格：7包19.9元，10片/包，到手70片。

2．制作工艺

豆皮由黄豆制作，豆香浓郁，然后加工成辣片。每一包都是手工制作的，无任何添加剂和防腐剂。与传统的辣片相比，本产品的色泽并不是鲜艳的红色。本产品采用人工秘制香料和独家配方制作而成，入味有嚼劲。

3．口味

（1）甜辣：一分辣度两分甜度。

（2）微辣：三分辣度无甜味。

（3）特辣：七分辣度无甜味。

4．评价

累计评价2万多条，连续30天好评率为99.9%，好评如图6-4所示。

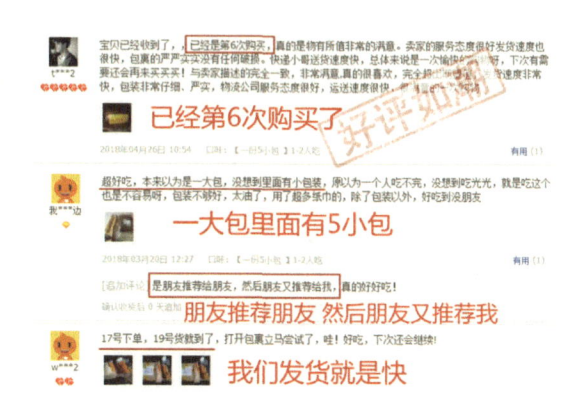

图6-4 大辣片好评

5．物流

全场包邮，现拍现发，7天无理由退换货。

6．赠品

拍5包送1包，拍7包送3包。

每日纯黑巧克力信息汇总

（一）产品图片

每日纯黑巧克力如图6-5所示。

图6-5 每日纯黑巧克力

（二）产品信息及卖点

1．价格

原价：39.9元/盒，12片/盒，50克/片。

直播间价格：2 盒 19.9 元，12 片/盒，50 克/片。

2．制作工艺

本产品经过多道工艺匠心制作，超过 24 小时的精研细磨使产品颗粒精细至 30 微米，口感如天鹅绒般顺滑。

3．原料及产地

本产品由西非的优质可可豆制作而成。

4．口味

（1）58%浓度可可原浆黑巧克力：含蔗糖，伴有若隐若现的淡雅柑橘香味。

（2）100%浓度可可原浆黑巧克力：0 添加蔗糖，伴有干果、雪松、甘草的香气。

5．包装

每日纯黑巧克力的包装如图 6-6 所示。

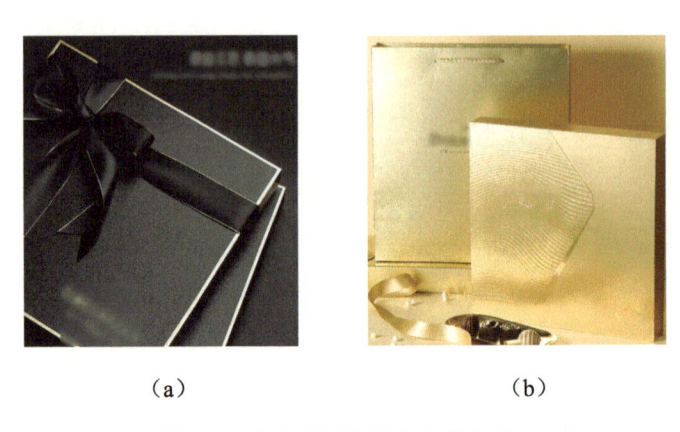

（a）　　　　　　　　（b）

图 6-6　每日纯黑巧克力的包装

6．物流

全场包邮，现拍现发，7 天无理由退换货。

7．赠品

拍 2 盒送 5 片，拍 3 盒送 8 片。

任务目标

1．根据直播产品过款的方法，能够设计出产品按顺序过款话术和产品标签化过款话术。

2．根据营造紧迫感的方法，能够为直播追单营造出紧迫感。

3．根据督促用户付款的方法，能够设计出督促用户付款的话术。

4．根据设计好的直播产品过款话术、营造紧迫感话术和督促用户付款话术，使用辅助道具，完成直播追单直播。

任务实践

一、直播产品过款

在直播接近尾声时,主播需要将整场直播的所有产品简单快速地向用户再介绍一遍,主要介绍每款产品的核心卖点,进一步吸引用户下单。通常主播会采用产品按顺序过款和产品标签化过款等方法进行直播产品过款。

请根据"零食狂欢节"产品信息汇总,结合直播产品过款的方法,帮助林畅分别完成产品按顺序过款话术表(见表 6-1)和产品标签化过款话术表(见表 6-2)(话术时长为 3~4 分钟)。

表 6-1 产品按顺序过款话术表

产品序号	产品名称	过款话术
1		
2		
3		
4		

表 6-2 产品标签化过款话术表

产品分类	过款话术
爆款产品	
热卖款产品	
新款产品	
……	

实践小贴士

直播产品过款的方法

1. 产品按顺序过款

通常一场直播会准备多款产品,在直播产品过款环节,主播需要对所有产品按顺序进行简单介绍,主要介绍产品的核心卖点,如产品的制作工艺、价格等,加深用户对所有产品的印象。

"我们的直播马上就要结束了,刚进来的朋友和没下单的朋友可以再听我讲解一遍我们今天直播的几款产品。

1号链接是由云南省农科院和农产品加工研究所联合研制的土豆原切款薯片,无任何添加剂和防腐剂。每片薯片薄至1毫米,香酥爽脆。原价11.9元/盒,500克/盒,今天直播间2盒只要7.9元。2号链接是乳酸菌布丁,它采用的是新西兰脱脂乳粉,0脂肪,不含反式脂肪酸,布丁中含有乳酸菌爆珠,有多种口味供你选择。原价32个22.9元,今天直播间32个16.9元。3号链接是大辣片,累计评价2万多条,连续30天好评率为99.9%。其采用人工秘制香料和独家配方制作而成,入味有嚼劲。原价5包29.9元,10片/包,今天直播间7包只要19.9元,到手70片。4号链接是一款用西非的优质可可豆制作成的每日纯黑巧克力,不含任何反式脂肪酸,原价39.9元/盒,12片/盒,今天直播间2盒19.9元,到手24片。"

2. 产品标签化过款

通常一场直播会准备多款产品,主播可以给产品贴上标签,如"爆款产品""热卖款产品""新款产品"等。给产品贴上"爆款产品""热卖款产品""新款产品"等标签,再加上产品的核心卖点,如产品的口味、制作工艺、价格等,会更容易激发用户的购买欲望。

"我们的直播马上就要结束了,刚进来的朋友和没下单的朋友可以再听我讲解一遍我们今天直播的几款产品。首先是我们直播间的爆款产品——乳酸菌布丁,这款布丁口味多样,含有乳酸菌爆珠。原价32个22.9元,今天直播间32个16.9元。然后是我们直播间的热卖款产品——土豆原切款薯片,它是由云南省农科院和农产品加工研究所联合研制出来的薯片,品质更佳,吃得更放心。原价11.9元/盒,500克/盒,今天直播间2盒只要7.9元。最后是我们直播间的两款新款产品,也非常好吃!一款是大辣片,每一包都是手工制作的,无任何添加剂和防腐剂。与传统的辣片相比,其色泽并不是鲜艳的红色。其采用人工秘制香料和独家配方制作而成,入味有嚼劲。原价5包29.9元,10片/包,今天直播间7包只要19.9元,到手70片。另一款是由西非的优质可可豆制作成的每日纯黑巧克力,不含任何反式脂肪酸,超过24小时的精研细磨使产品颗粒精细至30微米,口感如天鹅绒般顺滑。原价39.9元/盒,12片/盒,今天直播间2盒19.9元,到手24片。"

二、营造紧迫感

完成直播产品过款后,就需要营造紧迫感,带动直播间节奏,诱发用户的从众心理,促成订单。通常主播会使用倒计时、强调数量有限、强调恢复原价、强调库存即将售罄、秒杀等方法营造紧迫感。请根据"零食狂欢节"产品信息汇总，任选一款产品，结合营造紧迫感的方法，帮助林畅写出营造紧迫感的话术（话术时长为30～60秒）。

倒计时的话术：_____
_____
_____

强调数量有限的话术：_____
_____
_____

强调恢复原价的话术：_____
_____
_____

强调库存即将售罄的话术：_____
_____
_____

秒杀的话术：_____
_____
_____

实践小贴士

营造紧迫感的方法

1. 倒计时

倒计时是指主播通过倒计时，营造出倒计时结束后产品就卖完了或福利就结束了的紧迫感，从而使用户快速下单。

以乳酸菌布丁为例："现在直播间有500人，今天我们只为前60名付款购买这款乳酸菌布丁的朋友另外送一份等价礼品。准备好拼手速了吗？倒计时，5，4，3，2，1！"

2. 强调数量有限

强调数量有限是指主播通过反复强调产品数量有限，营造出一种人数很多，但是产品数量很少，如果不快速下单就买不到产品的紧迫感，促使用户快速下单。

以大辣片为例："我们直播间的这款大辣片今天只有100份，卖完就下架了，数量有限，抢到就是赚到！"

3. 强调恢复原价

强调恢复原价是指主播通过强调恢复产品原价，营造出一种在直播间不下单就买不到这么便宜的产品的紧迫感，从而刺激用户下单。

以土豆原切款薯片为例："我们直播间的这款土豆原切款薯片今天两盒只要7.9元，只有今天有这么大的优惠力度，马上我就要下播了，下播后就恢复原价了，到时候11.9元只能买1盒，得不偿失，时不再来！没有下单的朋友们赶快下单吧！"

4. 强调库存即将售罄

强调库存即将售罄是指主播通过强调库存即将售罄，营造出一种产品马上就要被抢完了的紧迫感，从而刺激用户下单。

以每日纯黑巧克力为例："我们直播间的这款每日纯黑巧克力今天已经卖出200份了，还剩20份，库存即将售罄，大家抓紧时间下单吧！"

5. 秒杀

秒杀是指主播在比较短的一个时间段内以低于常规水平的价格销售产品，从而刺激用户购买。

以乳酸菌布丁为例："接下来，我为大家准备了一场秒杀活动，9.9元秒杀32个乳酸菌布丁，秒杀时间只有5秒，大家准备好了吗？"

三、督促用户付款

对于在直播间观望已久并将产品加入购物车的用户，主播需要及时督促其付款。主播通过督促用户付款的话术，可以再一次刺激用户的购买欲望，引发用户的购买行为。通常主播会使用抓住从众心理、强调促销力度、以赠品吸引、保证退换货等方法进行督促付款。请根据"零食狂欢节"产品信息汇总，任选一款产品，结合督促用户付款的方法，帮助林畅写出督促用户付款的话术（话术时长为30～60秒）。

抓住从众心理的话术：_____
_____

强调促销力度的话术：_____
_____

以赠品吸引的话术：_____
_____

保证退换货的话术：_____
_____

实践小贴士

督促用户付款的方法

1. 抓住从众心理

抓住从众心理是指主播通过话术引导，强调产品下单人数多，来突出产品的受欢迎程度，使一部分消费者会受到其他消费者的影响转而跟从大众进行消费。

主播可以这样说："我们直播间的这款土豆原切款薯片今天已经卖出500多份了，现在还有人在下单！大家的购买热情根本停不下来！你确定不来一盒尝尝吗？跟着大伙儿买，不会出错！心动不如行动，赶快点开购物车下单吧！"

2. 强调促销力度

强调促销力度是指主播通过反复强调产品的优惠力度，包括限时折扣、前××名下单送等价礼品、现金返还、随机免单、抽奖免单等促销活动，让用户的热情达到高潮，促使用户集中下单。

主播可以这样说："我们直播间的这款土豆原切款薯片今天的优惠力度非常大，原价11.9元/盒，500克/盒，今天直播间两盒只要7.9元，到手1千克！这么大的优惠力度，你确定不心动吗？其他直播间可没有这么大的优惠力度！喜欢的朋友们别犹豫了，快下单吧！"

3. 以赠品吸引

以赠品吸引是指主播通过不断强调产品有赠品或赠品数量来刺激用户的购买欲望。赠品是用户下单的重要推动力，用户总期望在购买过程中获得更多额外的价值，因此赠品能够有效刺激用户的购买欲望。

> 主播可以这样说："今天购买我们直播间这款土豆原切款薯片，拍2盒送250克，拍3盒送500克！多拍多得！买的越多，送的越多！朋友们，别犹豫了，快下单吧！"
>
> #### 4. 保证退换货
>
> 保证退换货是指主播通过强调产品能够随时退换来吸引心存疑虑、犹豫不决的潜在用户下单。提供退换货担保可以吸引潜在用户立即采取行动。
>
> 主播可以这样说："今天我们直播间的这款土豆原切款薯片可以7天无理由退换货，收到货不满意的朋友可以立即联系客服人员，我们保证无理由给您包邮退换！保证解决您的后顾之忧！快下单吧！"

四、直播追单直播

直播追单直播是指主播在下播前针对直播间犹豫不决的用户或新进入直播间的用户进行直播过款，营造紧迫感并督促其付款，从而再一次提高直播间下单率的过程。在直播追单直播过程中，除了运用直播追单话术，主播还需要使用一些辅助道具，让直播氛围更加活跃。通常在直播过程中，主播会使用计算器、秒表、小黑板等辅助道具营造更加具有感染力的直播氛围。

请根据以上内容，整理直播追单话术，并使用相应的辅助道具，结合"零食狂欢节"产品信息汇总，完成"零食狂欢节"直播追单直播脚本（见表6-3），并在直播实训室进行直播追单直播（直播追单直播时长为3~6分钟）。

表6-3 "零食狂欢节"直播追单直播脚本

具体时间	环节	话术内容	备注（辅助道具）
	直播产品过款		
	营造紧迫感		
	督促用户付款		

> **实践小贴士**
>
> ### 直播追单辅助道具
>
> **1. 计算器**
>
> 很多主播在追单环节，如果碰上赠品特别多的产品，就会拿出自己的计算器来计算产品的优惠力度，嘴里还会说着"朋友们，我来替你们算笔账，看看今天在直播间买零食有多划算"。一定要选带声音的计算器，用计算器的按键声来刺激用户，促使其下单。
>
> **2. 秒表**
>
> 秒表是一种非常有用但是很容易被忽略的直播追单"神器"，主播一般会用它来营造一种紧迫感，使用户产生一种"时间马上就要结束了，再不抢就没有了"的危机感，促使其主动下单。
>
> **3. 小黑板**
>
> 小黑板是一个非常有用的直播小道具，可以更加清晰地表现出产品卖点、当日福利等信息，让用户更加清楚产品卖点和优惠力度，从而主动下单。

任务拓展

请根据提供的西湖龙井茶信息汇总，再结合上述内容，在直播实训室完成西湖龙井茶"品春茶 幸福行"活动的直播追单直播，包括直播产品过款、营造紧迫感、督促用户付款三个环节，并对这三个环节进行具体时间安排、直播追单话术设计和辅助道具设计（直播追单直播时长为3～6分钟）。

知识拓展

影响消费者购买行为的因素

影响消费者购买行为的因素：文化因素、社会因素、个人因素、心理因素等。

1. 文化因素

文化因素对消费者购买行为具有最广泛的影响。文化是人们欲望和行为最基本的决定因素，而人们的行为大部分是学习而来的，这也影响了他们的购买行为。

2. 社会因素

消费者购买行为会受到诸如相关群体、家庭、社会角色与地位等一系列社会因素的影响。

3. 个人因素

消费者购买行为受个人因素的影响，特别是受其年龄所处的生命周期阶段、职业、经济状况、生活方式、个性及自我观念的影响。生活方式是一个人所表现出来的有关其活动、兴趣和看法的生活模式。个性是一个人所特有的心理特征，它使一个人对其所处的环境相对一致和持续不断地做出反应。

4. 心理因素

消费者购买行为受动机、感觉、信念和态度等心理因素的影响。动机是一种升华到足够强度的需要，它能够引导人们去探求满足需要的目标。感觉是人们通过各种感官对外界刺激形成的反应。信念和态度是人们通过学习或亲身体验形成的对某种事物比较固定的观点和看法，这些观点和看法影响着人们未来的购买行为，一旦形成就很难改变，会引导消费者习惯性地购买某些产品。

任务评价

根据表6-4的实践内容，学生进行实践自评，教师根据学生的实践情况进行评价。

表6-4 直播追单评价表

实践	实践内容	实践自评	教师评价
直播产品过款	能用产品按顺序过款的方法进行直播产品过款	□能够掌握 □有点掌握 □完全不会	□优秀 □良好 □一般 □有待改进
	能用产品标签化过款的方法进行直播产品过款	□能够掌握 □有点掌握 □完全不会	
营造紧迫感	能用倒计时的方法营造出紧迫感	□能够掌握 □有点掌握 □完全不会	□优秀 □良好 □一般 □有待改进

续表

实践	实践内容	实践自评	教师评价
营造紧迫感	能用强调数量有限的方法营造出紧迫感	□能够掌握 □有点掌握 □完全不会	□优秀 □良好 □一般 □有待改进
	能用强调恢复原价的方法营造出紧迫感	□能够掌握 □有点掌握 □完全不会	
	能用强调库存即将售罄的方法营造出紧迫感	□能够掌握 □有点掌握 □完全不会	
	能用秒杀的方法营造出紧迫感	□能够掌握 □有点掌握 □完全不会	
督促用户付款	能用抓住从众心理的方法督促用户付款	□能够掌握 □有点掌握 □完全不会	□优秀 □良好 □一般 □有待改进
	能用强调促销力度的方法督促用户付款	□能够掌握 □有点掌握 □完全不会	
	能用以赠品吸引的方法督促用户付款	□能够掌握 □有点掌握 □完全不会	
	能用保证退换货的方法督促用户付款	□能够掌握 □有点掌握 □完全不会	
直播追单直播	能用计算器、秒表、小黑板等辅助道具配合直播追单直播	□能够掌握 □有点掌握 □完全不会	□优秀 □良好 □一般 □有待改进

实践任务二 直播预告

任务描述

完成直播追单后,林畅还需要进行直播预告,预告下一次直播的时间、产品、福利等信息,以便直播结束后可以维护本次直播的用户或进行二次营销。

直播预告信息汇总

(一)直播时间

6月2日 19:00。

(二)直播产品

1.紫薯芋泥饼

(1)产品图片。

紫薯芋泥饼如图6-7所示。

图6-7 紫薯芋泥饼

(2)价格。

原价:28.9元/盒,10枚/盒。

直播间价格:19.9元/盒,10枚/盒。

(3)口感。

外皮酥脆、内馅软糯,口感细腻。咬一口,麦香、芋头香、紫薯香混合在一起。紫薯含有丰富的膳食纤维,热量仅为大米的三分之一,代餐充饥不太甜,作为下午茶也无负担。

（4）制作工艺。

每一枚紫薯芋泥饼都是纯手工制作的，清甜软糯，皮薄馅足。将新鲜紫薯经过低温烘焙，制成紫薯泥，保证营养不流失；将精粉、植物油、食用盐做成酥油层；将发酵好的油酥皮搓平再卷起，包裹内馅后揉按，使其光滑有弹性，最后慢火烘焙，使口感变得酥软。

2．香酥薄脆饼

（1）产品图片。

香酥薄脆饼如图6-8所示。

图6-8　香酥薄脆饼

（2）价格。

原价：25.8元/盒（内含30小包），500克/盒。

直播间价格：15.8元/盒（内含30小包），500克/盒。

（3）口味。

原味、海苔味、酱汁烧烤味、青椰味、浓郁拿铁味。

（4）口感。

薄约1.1毫米，香酥薄脆、咸鲜四溢。

（5）制作工艺。

本产品甄选高品质马铃薯，以四温区烘烤而成，非油炸，纤薄爽脆。

（6）获得的荣誉。

本产品荣获2022年国际美味大奖，全渠道销售累计超4700万盒。

3．麻辣豆干

（1）产品图片。

麻辣豆干如图6-9所示。

图 6-9　麻辣豆干

（2）价格。

原价：39.9 元/盒（内含 50 小包），500 克/盒。

直播间价格：22.8 元/盒（内含 50 小包），500 克/盒。

（3）口味。

香辣味、麻辣味、酱香味、泡椒味、牛肉味、盐焗味。

（4）口感。

豆干滑嫩，口感弹牙，卤香四溢。

（5）制作工艺。

本产品优选植物蛋白，精选甘肃陇南海拔 1200 米以上的大红袍花椒和具有地理标志证明商标的金乡辣椒，优选行业领先品牌用油，以秘方卤制而成。

4．清甜柠果条

（1）产品图片。

清甜柠果条如图 6-10 所示。

图 6-10　清甜柠果条

（2）价格。

原价：3 包 34.8 元，70 克/包。

直播间价格：3 包 22.8 元，70 克/包。

（3）口味。

肉厚条细，果肉金黄，鲜软清甜，水润饱满，酸甜适宜。

厂家严控品质，在东南亚自建杧果加工厂。本产品以东南亚黄金产地当季高品质玉娇大杧果为原料，经过4遍挑选、16道质量严控、24小时鲜采现加工制作而成。与经典杧果条相比，本产品减少了20%的白砂糖，更加软糯。

（三）直播福利

（1）全场满100元减10元，满200元减20元，满300元减30元。

（2）9.9元秒杀任意一款零食。

（3）直播间发放10元无门槛优惠券20张。

（4）前20名下单用户赠送精美小礼品一份。

任务目标

1. 根据直播时间预告方法，能够设计出直播时间预告话术。
2. 根据直播产品预告方法，能够设计出直播产品预告话术。
3. 根据直播福利预告方法，能够设计出直播福利预告话术。
4. 根据设计好的直播时间预告话术、直播产品预告话术和直播福利预告话术，完成直播预告直播。

任务实践

一、直播时间预告

在直播即将结束时，主播需要告知用户下次直播的具体时间，确保用户能够准时观看。通常主播会采用直接告诉用户直播时间、多次重复直播时间等方法进行直播时间预告。请根据直播预告信息汇总，帮助林畅写出直播时间预告话术（话术时长为30～60秒）。

直接告诉用户直播时间的话术：_____
_____
_____

多次重复直播时间的话术：_____
_____
_____

实践小贴士

直播时间预告的方法

1. 直接告诉用户直播时间

主播在下播前，可以直接告诉用户下次直播的具体时间，提醒用户合理安排时间，及时观看下次直播。

主播可以这样说："我们的直播马上就要结束了，明天19:00，请大家合理安排好自己的时间，我们还会继续在直播间等待大家的到来。"

2. 多次重复直播时间

主播可以通过多次重复直播时间，加深用户对下次直播时间的记忆。

主播可以这样说："直播间的小伙伴们，大家一定要记好时间，是明天19:00！明天19:00！明天19:00！重要的时间说三遍！千万不能忘记！大家一定要来啊。"

二、直播产品预告

在直播即将结束时，主播可以预告下次直播的产品，这样可以让用户明确知道下次直播的产品中是否有自己所需要的，如果有需要的，他们会准时进入直播间。通常主播会通过罗列产品预告清单、设置悬念、突出产品亮点等方法进行直播产品预告。请根据直播预告信息汇总，帮助林畅写出直播产品预告话术（话术时长为30～60秒）。

罗列产品预告清单的话术：_____

_____

_____

设置悬念的话术：_____

_____

_____

突出产品亮点的话术：_____

_____

_____

📧 **实践小贴士**

直播产品预告的方法

1. 罗列产品预告清单

在直播产品预告时，主播可以罗列出产品预告清单，即每款产品的名称，让用户清楚地知道下次直播的产品有哪些。

主播可以这样说："下次直播的产品主要有×××、×××……（依次说出下次直播要上的产品名称或品牌名），如果有中意的产品，一定要准时来直播间。"

2. 设置悬念

在直播产品预告时，主播可以只预告一部分产品，而另一部分产品用设置悬念的话术激起用户的好奇心。主播可以先不告诉用户下次直播产品的名称，而是用产品上过电视来激起用户的好奇心，给用户留下悬念，如果全部告知下次直播的产品，部分用户可能会失去兴趣。

主播可以这样说："直播间的小伙伴们，下一次直播我们会上几款超级好吃的零食，其中有一款零食可是上过中央电视台的！大家是不是很想知道这款零食是什么呀？明天19:00请准时来直播间，到时为大家揭晓。"

3. 突出产品亮点

在直播产品预告时，主播需要突出产品的亮点，如产品的品质佳、制作工艺独特、价格便宜等，加深用户对产品的印象。

主播可以这样说："明天直播间会为大家带来4款好吃的零食！第一款零食是辣味十足、吃了还想吃的香辣土豆片；第二款零食是一上架就会被立马抢空的榴梿千层饼；第三款零食是把隔壁小孩都馋哭了的麻辣鱿鱼丝；第四款零食是好喝不发胖的乳酸菌饮料。大家一定要准时来直播间，这些零食抢完就没有了。"

三、直播福利预告

除了直播时间预告和直播产品预告，主播还需要进行直播福利预告，简单介绍下一次直播的福利活动等，吸引用户主动进入直播间。通常主播会采用简单罗列直播福利、详细告知直播福利的具体内容等方法进行直播福利预告。请根据直播预告信息汇总，帮助林畅写出直播福利预告话术（话术时长为30～60秒）。

简单罗列直播福利的话术：_____
_____
_____

详细告知直播福利的具体内容的话术：_____
_____
_____

实践小贴士

直播福利预告的方法

1. 简单罗列直播福利

主播直接罗列出下次直播的福利活动，如满减、秒杀、发放优惠券或红包、赠送礼品等，通过多种福利活动吸引用户观看下次直播。

主播可以这样说："我们下次直播的福利非常多，有满减、秒杀活动，还会发放优惠券和红包、赠送礼品等，大家一定要来直播间抢福利。"

2. 详细告知直播福利的具体内容

主播详细介绍下次直播福利的具体内容是什么，如全场满100元减10元、9.9元秒杀任意一款零食、发放10元无门槛优惠券、前20名下单用户即可获得精美小礼品一份等，通过告知直播福利的具体内容吸引用户观看下次直播。

主播可以这样说："我们下次直播不仅为大家准备了好多好吃的零食，还为大家准备了很多精美的小礼品！前20名下单的用户，我们会赠送精美小礼品一份！大家一定要来直播间抢福利。"

四、直播预告直播

直播预告直播是指主播在下播前提前向用户简单介绍下次直播的时间、产品和福利的过程。在直播预告直播过程中，除了运用直播时间、产品和福利预告话术，主播还需要通过合适的语调和音量、语速、情绪状态，让直播间的氛围更加舒适。通常在直播过程中，主播会通过随时调整语调和音量、控制语速、调整情绪状态等方法增强直播预告的感染力。

请根据以上内容,整理直播预告话术,并为主播设计直播预告直播过程中的语调和音量、语速、情绪状态,结合直播预告信息汇总,完成直播预告直播脚本(见表6-5),在直播实训室进行直播预告直播(直播预告直播时长为2~4分钟)。

表 6-5 直播预告直播脚本

具体时间	环节	话术内容	备注(语调和音量、语速、情绪状态设计)
	直播时间预告		
	直播产品预告		
	直播福利预告		

实践小贴士

增强直播预告感染力的方法

1. 随时调整语调和音量

主播在进行直播预告时要随时调整说话的语调和音量。语调要有变化,不要过于平缓,在描述产品时要热情生动,这样才具有亲和力,才能让用户喜欢。此外,说话时的音量也要高低起伏,这样才能调动用户的情绪。主播可以在介绍产品特点时提高音量来强调重点内容。

主播可以这样说:"明天直播间零食的价格真的是非常划算("非常划算"音量提高以起到强调作用,吸引用户注意)。"需要注意的是,不要长时间提高音量,这样可能会让人感觉到聒噪,也不能全程都用低音量,这样会让人觉得直播间气氛低迷、缺乏活力,很容易觉得无聊。

2. 控制语速

直播时主播的语速控制也非常重要。语速不能太慢,否则可能会让用户不耐烦、产生疲急感，容易离开直播间；语速也不能过快，否则可能会让用户听不清，用户跟不上主播的节奏也很容易离开直播间。主播一定要控制好语速，既能让用户听清楚，又具备一定的节奏感，让用户能够快速获得有效信息。

3. 调整情绪状态

在整个直播过程中，主播要随时调整情绪状态，让用户始终能够感受到自己的热情。友好亲切的交流能够增强直播间用户的互动意愿，而积极向上的情绪和乐观阳光的直播态度有利于提升用户在观看直播时的愉悦感，有助于直播间长期保持热度，增加用户的关注度。

例如，主播在讲到直播预告产品的优惠和福利时可以让自己的声音听起来更加激动，在讲解到预告产品的核心卖点时让自己的声音听起来更有力，这样能够对直播间的用户产生更深刻的影响。

任务拓展

请根据以下提供的三款茶叶的直播预告信息汇总，再结合上述内容，在直播实训室完成三款茶叶的直播预告直播，包括直播时间预告、直播产品预告、直播福利预告三个环节，并对这三个环节进行具体时间安排，直播预告话术设计，主播的语调和音量、语速、情绪设计（直播预告直播时长为2～4分钟）。

雨前龙井信息汇总

（一）产品图片

雨前龙井如图 6-11 所示。

图 6-11 雨前龙井

（二）产品信息及卖点

1. 价格

原价：89 元/盒，500 克/盒。

直播间价格：55 元/盒，500 克/盒。

2. 制作工艺

本产品以传承 72 年的古法制茶工艺制成，以确保龙井茶馥郁鲜醇的正宗口感。

3. 原料及产地

本产品源自杭州国家地理标志保护产区，选取历史悠久的老茶树，保留其原始的荒野气息。

4．口味

口感醇厚，糙米色泽，香气迷人。

5．适宜水温

雨前龙井的适宜水温为85℃。

6．获得的荣誉

（1）1988年，本品牌获得世界优质食品博览会金棕榈奖。

（2）本品牌为浙江省出口品牌。

（3）本产品为2022年杭州亚运会官方指定用茶。

（4）本产品畅销60个国家，名扬海外。

（5）本产品全网累计售出超5000万克。

7．包装

以经典复古牛皮纸包装，双层加厚，以锡箔纸为内衬，避光防潮。

8．物流

全场包邮，现拍现发，7天无理由退换货。

9．赠品

拍2盒送250克。

明前龙井信息汇总

（一）产品图片

明前龙井如图6-12所示。

图6-12　明前龙井

（二）产品信息及卖点

1．价格

原价：128元/盒，250克/盒。

直播间价格：88元/盒，250克/盒。

2．制作工艺

从茶园到茶杯，本产品经过精挑细选，层层把关。明前早春时节，茶农守时采摘，精选新鲜嫩叶制作而成，色泽嫩绿，内含营养物质丰富，滋味鲜爽甘醇。

3．原料及产地

本产品源自正宗龙井茶原产地，地理位置优越，自然气候环境独特。

4．口味

香气浓郁，鲜爽甘醇，香浓耐泡。

5．获得的荣誉

（1）本产品入选CCTV《品质》栏目。

（2）本产品常年居绿茶热销榜前三。

（3）本产品常年居绿茶好评榜前三。

（4）本产品全网累计售出超90万罐。

6．包装

采用经典马口铁身罐包装，以优美国风图加固密封锁鲜，做到了实用与美观合二为一。

7．物流

全场包邮，现拍现发，7天无理由退换货。

8．赠品

拍2盒送100克。

龙井茶信息汇总

（一）产品图片

龙井茶如图6-13所示。

图6-13 龙井茶

（二）产品信息及卖点

1．价格

原价：109元/盒，500克/盒。

直播间价格：79元/盒，500克/盒。

2．制作工艺

技艺精湛的老茶师根据鲜叶大小、老嫩程度和锅中茶坯的成型程度，手工炒出色、香、味、形俱全的龙井茶。

3．原料及产地

本产品源自核心产区高山茶园，产区雨量充沛，气候温和，林木茂盛。优越的自然生长环境造就了本产品独特的鲜爽口感。

4．口味

香气浓郁，鲜爽甘醇，香气诱人。

5．获得的荣誉

本品牌始于1949年，多年来传承精湛技艺，坚持货真价实，是茶友心中的口碑王，累计售出500多万罐。

6．包装

采用两层以上包装，独立密封。外层为纸包，在传统古朴的基础上进行了升级；内层为精致锡箔袋子，牢固耐用，防潮出色，为您紧锁茶香。

7．物流

全场包邮，现拍现发，7天无理由退换货。

8．赠品

拍2盒送玻璃水晶杯一个。

知识拓展

直播间的福利策略

1．特价促销

特价促销是指让消费者可以以低于正常水平的价格获得某种特定物品或利益的促销活动。直播带货大多数的促销方式都是以特别低廉的价格，向消费者出售特定数量的产品。一般来说，电商直播中的产品都具有非常大的价格优势，有一定规模的商家往往主打价格优势，以特价的形式占据市场空间。在竞争激烈的市场环境中，薄利多销成为众多商家的制胜法宝。

2. 抽奖策略

线下抽奖需要的人力、物力成本往往很高，前期准备也很多。然而，线上直播间的抽奖不但作用大，而且操作简便。直播间的抽奖一般是在直播中间和结束的时候公布下单中奖的用户 ID，或者参与直播讨论的用户 ID。在奖品有足够吸引力的情况下，有些原本对促销产品不感兴趣的用户也可能因为对奖品感兴趣发生购买行为。同时，直播间抽奖能够吸引感兴趣的用户进入直播间，增加在线观看直播的人数。

3. 赠品策略

赠品策略即通过向用户赠送小包装的新产品、金额较低的小件产品、买×件送×件等形式，使用户快速熟悉直播间的产品，刺激他们的购买欲望。线上直播间的赠品促销操作简便。一般来说，主播会提醒用户下单时备注某些暗号，即可送赠品。一方面，用户对主播的黏性会更强；另一方面，用户购买产品犹豫的时候，赠品会让其认为获得了更多的价值，从而快速下单。赠品的突出优势是超值利益实惠可见，其吸引力很强，能引起立即性的购买行为，明显提升产品销量。

📒 任务评价

根据表 6-6 的实践内容，学生进行实践自评，教师根据学生的实践情况进行评价。

表 6-6　直播预告评价表

实践	实践内容	实践自评	教师评价
直播时间预告	能用直接告诉用户直播时间的方法进行直播时间预告	□能够掌握 □有点掌握 □完全不会	□优秀 □良好 □一般 □有待改进
	能用多次重复直播时间的方法进行直播时间预告	□能够掌握 □有点掌握 □完全不会	
直播产品预告	能用罗列产品预告清单的方法进行直播产品预告	□能够掌握 □有点掌握 □完全不会	□优秀 □良好 □一般 □有待改进
	能用设置悬念的方法进行直播产品预告	□能够掌握 □有点掌握 □完全不会	

续表

实践	实践内容	实践自评	教师评价
直播产品预告	能用突出产品亮点的方法进行直播产品预告	□能够掌握 □有点掌握 □完全不会	□优秀 □良好 □一般 □有待改进
直播福利预告	能用简单罗列直播福利的方法进行直播福利预告	□能够掌握 □有点掌握 □完全不会	□优秀 □良好 □一般 □有待改进
直播福利预告	能用详细告知直播福利的具体内容的方法进行直播福利预告	□能够掌握 □有点掌握 □完全不会	□优秀 □良好 □一般 □有待改进
直播预告直播	能用随时调整语调和音量、控制语速、调整情绪状态等方法增强直播预告的感染力	□能够掌握 □有点掌握 □完全不会	□优秀 □良好 □一般 □有待改进

实践任务三 直播告别

任务描述

完成了直播预告后,林畅需要向直播间的用户进行告别。首先,她需要向直播间的所有用户表达感谢,拉近其和用户之间的距离;其次,她需要引导用户关注直播间、微博或微信公众号,为直播间吸引更多流量;最后,她要告诉用户自己的下播时间,跟用户进行礼貌告别。

任务目标

1. 根据表达感谢的方法,能够设计出直接表达感谢的话术、点名感谢的话术和发放福利的话术。

2. 根据引导关注的方法,能够设计出提醒用户关注直播间、提醒用户关注微博或微信公众号的话术。

3. 根据礼貌告别的方法,能够设计出表达留恋之情的话术、送出祝福语的话术和下次直播邀请的话术。

4. 根据设计好的表达感谢话术、引导关注话术、礼貌告别话术,配合相应的动作和表情,完成直播告别直播。

任务实践

一、表达感谢

完成直播预告后,就要准备下播了。在下播前,主播需要向直播间的所有用户表达感谢,让用户感受到主播的真诚,给用户留下一个好印象。通常主播会采用直接表达感谢、点名感谢、发放福利等方法表达对用户的感谢。请根据表达感谢的方法,帮助林畅写出表达感谢的话术(话术时长为30~60秒)。

直接表达感谢的话术:_____

_____

_____

点名感谢的话术：_____

_____

_____

发放福利的话术：_____

_____

_____

> 📨 **实践小贴士**

表达感谢的方法

1. 直接表达感谢

下播前，主播应对直播间所有用户表达感谢，可以用"感谢大家的观看""谢谢大家的支持"等话术，直接向用户表达感谢。

主播可以这样说："今天直播间的氛围非常好，非常感谢大家对直播间的支持！你们的观看和支持是我们做好每一场直播的动力，接下来我们会为大家带来更好的直播。"

2. 点名感谢

主播可以选择一直观看直播的粉丝、发评论或弹幕互动的粉丝，以及结束时还留在直播间的粉丝，直接点出名字表达感谢，以增加和他们的亲近感。

主播可以这样说："感谢×××、×××今天送的礼物，感谢今天所有送我礼物的朋友们，收到礼物非常开心。"

3. 发放福利

除了通过用话语表达感谢之情，在下播前，主播还可以为用户发放一定的直播福利，让用户真实感受到主播的真诚。

主播可以这样说："再多的言语都没办法表达我们对大家的感谢，下播前，我们决定再为所有人发放一波福利，以表示对大家的感谢。"

二、引导关注

主播除可以在直播过程中反复提醒直播间的用户关注以外，在直播快要结束的时候，还可以再一次提醒用户关注直播间、微博或微信公众号等,主播需要将自媒体账号(如微博或微信公众号等)及关注方式告诉直播间的用户,以便直播结束后可以维护本次直播的用户或进行二次营销。请帮助林畅写出提醒用户关注直播间、提醒用户关注微博或微信公众号的话术(话术时长为30~60秒)。

提醒用户关注直播间的话术:_____

_____

_____

提醒用户关注微博或微信公众号的话术:_____

_____

_____

实践小贴士

引导关注的方法

1. 提醒用户关注直播间

主播不断用话术引导或提醒用户关注直播间,可以引导用户注意屏幕上直接显示或滚动显示的关注主播提示、关注直播间就有福利赠送等字幕,吸引用户关注直播间。

主播可以这样说:"我们还有两分钟就下播了,刚进来直播间的朋友们和还没有关注直播间的朋友们麻烦点一下屏幕左上角的关注!关注直播间的朋友们下单后有精美小礼品赠送。"

2. 提醒用户关注微博或微信公众号

主播通过反复强调或不断提醒的方式引导用户关注相关的微博或微信公众号,为直播间吸引更多流量。主播可以在下播前反复强调相关微博或微信公众号的名称,并告知用户关注后有福利,以引导用户关注。

主播可以这样说:"今天的直播就到这里了。欢迎大家关注我们的微博××或微信公众号××,直播预告和最新的优惠折扣信息都可以通过微博或微信公众号了解到。关注之后回复'××',系统会送给你一张20元优惠券,下次再来直播间消费,满××元就可以直接抵扣,非常划算。"

三、礼貌告别

在直播接近尾声时，主播需要向用户进行礼貌告别，让用户有始有终地观看完本场直播。通常主播会采用表达留恋之情、送出祝福语、下次直播邀请等方法进行礼貌告别。请根据礼貌告别的方法，帮助林畅写出礼貌告别话术（话术时长为30~60秒）。

表达留恋之情的话术：_____
_____
_____

送出祝福语的话术：_____
_____
_____

下次直播邀请的话术：_____
_____
_____

实践小贴士

礼貌告别的方法

1. 表达留恋之情

主播可以用"时间过得太快""舍不得大家"等话术表达出对用户的不舍之情，让用户对直播间和主播也产生留恋感，加深用户对直播间的印象。

主播可以这样说："今天和屏幕前的各位朋友相处得非常愉快，时间过得可真快呀！还有两分钟我们就要下播了，真的非常舍不得各位朋友。"

2. 送出祝福语

主播可以向用户送出祝福的话语，如"天天开心""晚上睡个好觉"等，让用户感受到来自主播的温暖之情，加深用户对直播间的印象。

主播可以这样说："我们的直播马上就要结束了，这会儿已经很晚了，大家要记得早点休息！希望大家不要熬夜，今晚睡个好觉！晚安，各位，我们下次见。"

3. 下次直播邀请

主播在跟用户告别后,可以对用户发出下次直播的邀请,如告知用户下次直播的时间,邀请用户下次继续观看直播。

主播可以这样说:"今天的直播到这里就结束了,喜欢吃零食的朋友明天同一时间继续来我们直播间!主播会一直在这里等你。"

四、直播告别直播

直播告别直播是指主播在表达对用户感谢的同时引导用户关注直播间,最后向用户进行礼貌告别的过程。在直播告别直播过程中,除了运用直播告别话术,主播还需要配合相应动作和表情,使直播告别更真诚。通常在直播过程中,主播会配合挥手、鞠躬、微笑等动作和表情进行直播告别。

请根据以上内容,结合表达感谢话术、引导关注话术和礼貌告别话术,设计相应的动作和表情,完成直播告别直播脚本(见表6-7),并在直播实训室进行直播告别直播(直播告别直播时长为2~4分钟)。

表6-7 直播告别直播脚本

具体时间	环节	话术内容	备注(动作和表情)
	表达感谢		
	引导关注		
	礼貌告别		

> 实践小贴士

直播告别动作和表情

1. 挥手

单纯用话语告别会显得非常生硬，因此在直播告别时，主播和用户可以像日常生活中的朋友告别一样，挥挥手，这样更加有亲切感。

2. 鞠躬

鞠躬是表示尊敬、谢意、致歉等的常用礼节。在对用户表达感谢时，除了说许多感谢的话语，主播还可以配合鞠躬的动作，让用户感受到真诚的谢意。

3. 微笑

微笑是最基本的礼仪，它体现了人们之间真诚的相互尊重与亲近，无论是对待家人，还是对待客户、同事，甚至是陌生人，都应该保持微笑。在直播告别时，主播要时刻保持微笑，以乐观的神态感染用户。

任务拓展

请结合上述内容，在直播实训室完成"品春茶 幸福行"活动的直播告别，包括表达感谢、引导关注、礼貌告别三个环节，并对这三个环节进行具体时间安排、直播告别话术设计、相应动作和表情的设计（直播告别直播时长为2～4分钟）。

知识拓展

提高主播表达能力的方法

表达能力是主播与用户互动交流所必备的社交能力。提高主播表达能力的方法主要有以下几种。

1. 配合肢体动作

主播在直播时，不要只顾着讲，还要配合一定的肢体动作，这样带给用户的表达效果会更加传神。在介绍产品的过程中，配合相应的肢体动作能够更好地激起用户的购买欲望。独特的肢体动作能够使直播内容具有明显的个人特色，帮助主播快速树立独特的个人形象。

2. 掌握幽默技巧

在直播这个行业中，虽然高颜值是吸引观众的先天优势，但是要想在直播的道路上走得更远，光靠颜值是远远不够的。颜值并不是决定主播发展的唯一因素，如果你没有高颜值，那么就让自己成为一个幽默的人。拥有幽默口才的人会让人觉得很风趣，还能表现出其内涵和修养。所以，一名专业主播必然要掌握幽默技巧。

3. 学会赞美用户

主播在与用户互动交流的时候，一定要学会赞美用户的优点和长处。懂得赞美和欣赏他人是尊重别人的一种表现。只有你尊重别人，别人才会反过来尊重你。当用户受到主播的赞美和表扬之后，会产生一种荣誉感和自豪感，对主播更加喜爱和信任，从而增进彼此之间的感情。主播这样做不仅能增强用户的黏性和忠诚度，还能给用户留下良好的印象，赢得用户的尊重和拥护。

4. 多为他人着想

当用户表达个人建议时，主播要站在用户的角度，换位思考，这样更容易了解用户的感受。主播可以通过学习及察言观色来提升自己的思想及阅历。察言观色的前提是心思细腻，主播可以细致地观察直播互动时用户的态度，用心感受用户的想法，并进行思考总结。

5. 保持谦虚礼貌

主播在面对用户的夸奖及批评时，要保持谦虚礼貌的态度，即使成为热门主播也要保持谦虚。谦虚礼貌会让主播获得更多用户的喜爱，能让主播的直播生涯更加顺畅，获得更多的"路人缘"。

6. 把握好分寸

在直播聊天的过程中，主播要注意把握好分寸，懂得适可而止。例如，在开玩笑的时候，注意不要过分，许多主播因为过度玩笑而遭到封杀。因此，把握好分寸在直播中非常重要。

任务评价

根据表6-8的实践内容，学生进行实践自评，教师根据学生的实践情况进行评价。

表 6-8　直播告别评价表

实践	实践内容	实践自评	教师评价
表达感谢	能用直接表达感谢的方法来表达对用户的感谢	□能够掌握 □有点掌握 □完全不会	□优秀 □良好 □一般 □有待改进
	能用点名感谢的方法来表达对用户的感谢	□能够掌握 □有点掌握 □完全不会	
	能用发放福利的方法来表达对用户的感谢	□能够掌握 □有点掌握 □完全不会	
引导关注	能提醒用户关注直播间	□能够掌握 □有点掌握 □完全不会	□优秀 □良好 □一般 □有待改进
	能提醒用户关注微博或微信公众号	□能够掌握 □有点掌握 □完全不会	
礼貌告别	能用表达留恋之情的方法进行礼貌告别	□能够掌握 □有点掌握 □完全不会	□优秀 □良好 □一般 □有待改进
	能用送出祝福语的方法进行礼貌告别	□能够掌握 □有点掌握 □完全不会	
	能用下次直播邀请的方法进行礼貌告别	□能够掌握 □有点掌握 □完全不会	
直播告别直播	能用挥手、鞠躬、微笑等动作和表情配合直播告别直播	□能够掌握 □有点掌握 □完全不会	□优秀 □良好 □一般 □有待改进

职业视窗

净化直播营销环境　营造良好的直播营销氛围

党的二十大报告指出：坚持把发展经济的着力点放在实体经济上，推进新型工业化，加快建设制造强国、质量强国、航天强国、交通强国、网络强国、数字中国。中国互联网络信息中心第50次《中国互联网络发展状况统计报告》显示，截至2021年6月，我国网络直播用户规模达7.16亿人，较2021年12月增长了1290万人，占网民整体的68.1%。随着5G、AI、大数据等技术的发展与应用，直播已然成为融入社会的重要结构性力量，具有强大的社会价值和创新意义，电商直播在促进我国建设网络强国、数字强国等方面发挥了重要作用。

在直播带货火爆发展的同时，直播带货的行业乱象也一直存在，如数据流量造假、售后服务不规范、产品质量参差不齐等问题层出不穷。

有网友爆料称，商家花10万元请知名主持人直播带货，当天成交1323单，退货1012单，退货率高达76.5%。脱口秀演员××近期参与某直播活动，看起来有311万名网友和粉丝围观，人气相当高，但有工作人员爆料，311万名观众中，只有不到11万人是真实数据。某知名人物的"坑位费"是60万元，但仅卖出15罐奶粉。某明星直播卖白酒，下单20件，退货16件……一直以来，许多明星、知名人物直播带货频频"翻车"。

在这种充满"欺骗"的直播环境下，消费者需要一个规范、公正、公平且良性发展的直播带货市场。

对此，国家互联网信息办公室发布了《互联网直播营销信息内容服务管理规定（征求意见稿）》，向社会公开征求意见。《互联网直播营销信息内容服务管理规定（征求意见稿）》规定，直播间运营者、直播营销人员从事互联网直播营销信息内容服务，不得发布虚假信息，不得欺骗、误导用户，不得虚构或篡改关注度、浏览量、点赞量、交易量等。

这对规范平台直播营销行为，避免出现虚假信息和数据造假等会起到一定作用。

此前多家机构和行业组织先后发布了直播带货的相关规范和规定，如中国广告协会在2020年7月就发布了《网络直播营销活动行为规范》，重点规范直播带货行业刷单、虚假宣传等情况。

可以看到直播带货正经历从蜂拥而至，到规范化发展，进而加速迈向法制化发展的路径。直播带货前景可期，未来，我们将迎来一个更加规范化、法制化的直播带货市场。

项目检测一

一、单选题

1. 下列属于在直播中营造紧迫感的话术是（　　）。

    A．"还剩20份，库存即将售罄"

    B．"买就送礼品"

    C．"感谢宝宝们的关注"

D．"本产品0脂肪，不含反式脂肪酸"

2．下面属于直播结束前，主播向大家表示感谢的是（　　）。

A．"下播前，我们决定再为所有人发放一波福利，以表示对大家的感谢"

B．"今天的直播就到这里了。欢迎大家关注我们的微博××或微信公众号××"

C．"今天的直播到这里就结束了，明天同一时间我们直播间再见"

D．"刚进来的朋友和没下单的朋友可以再听我讲解一遍我们今天直播的几款产品"

3．主播对所有产品依次进行介绍，这种方式属于（　　）。

A．随机过款　　　　　　　　B．组合过款

C．产品按顺序过款　　　　　D．产品标签化过款

二、多选题

1．直播产品预告的方法有（　　）。

A．罗列产品预告清单　　　　B．设置悬念

C．突出产品亮点　　　　　　D．直接告诉直播时间

2．在直播预告过程中，主播还需要通过（　　）方式增强直播预告的感染力。

A．随时调整语调和音量　　　B．控制语速

C．调整情绪状态　　　　　　D．催促下单

3．直播预告的内容有（　　）。

A．时间预告　　　　　　　　B．购买链接预告

C．产品预告　　　　　　　　D．福利预告

三、判断题

1．在直播快要结束的时候，主播还可以再一次提醒用户关注直播间、微博或微信公众号。（　　）

2．增加表达能力的方法有灵活运用肢体动作和表情、不断催促用户下单、全方位展示产品。（　　）

3．直播间的福利策略包括特价促销、抽奖策略、赠品策略。（　　）

四、实践操作

请结合所学知识，在直播实训室完成水果直播活动的直播告别，包括表达感谢、引导关注、礼貌告别三个环节，并对这三个环节进行相应动作和表情的设计，完成表6-9。

表 6-9　直播告别直播脚本

具体时间	环节	话术内容	备注（运作和表情）
	表达感谢		
	引导关注		
	礼貌告别		

项目检测二

一、单选题

1. 下面不属于主播在直播时营造紧迫感方法的是（　　）。

　　A．倒计时　　　　　　　　B．强调恢复原价

　　C．强调库存即将售罄　　　D．欢迎感谢

2. 主播在直播产品预告时，罗列出每一款产品的名称，让用户清楚地知道下一次直播的产品有哪些。这种直播产品预告方法属于（　　）。

　　A．设置悬念　　　　　　　B．罗列产品预告清单

　　C．突出产品亮点　　　　　D．产品标签化预告

3. （　　）是指通过向用户赠送小件物品的形式，使用户快速熟悉直播间的产品，刺激他们的购买欲望。

　　A．特价促销　　　　　　　B．抽奖策略

　　C．赠品策略　　　　　　　D．打折促销

二、多选题

1. 影响消费者购买行为的因素一般包括（　　）。

　　A．文化因素　　　　　　　B．社会因素

　　C．个人因素　　　　　　　D．心理因素

2. 在直播过程中，主播对在直播间观望已久并将产品加入购物车的用户进行督促付款时，可以采用（　　）的方法。

　　A．强调促销力度　　　　　B．以赠品吸引

　　C．祝福语感谢　　　　　　D．保证退换货

3. 直播间礼貌告别的方法有（　　）。

　　A．表达留恋之情　　　　　B．送出祝福语

　　C．下次直播邀请　　　　　D．直接结束直播

三、判断题

1. 倒计时是指主播在比较短的一个时间段内以低于常规水平的价格销售产品，从而刺激用户购买的方式。（   ）

2. 主播通过多次强调下次直播时间的预告方式，能够加深用户对下次直播时间的记忆。（   ）

3. 当用户表达个人建议时，主播需要站在用户的角度，换位思考，这样更容易了解用户的感受。（   ）

四、实践操作

请同学们结合所学知识，设计直播追单，完成表 6-10，并在直播实训室进行直播追单直播。

表 6-10　直播追单直播脚本

具体时间	环节	话术内容	备注（辅助道具）
	直播产品过款		
	营造紧迫感		
	督促用户付款		

反侵权盗版声明

电子工业出版社依法对本作品享有专有出版权。任何未经权利人书面许可，复制、销售或通过信息网络传播本作品的行为；歪曲、篡改、剽窃本作品的行为，均违反《中华人民共和国著作权法》，其行为人应承担相应的民事责任和行政责任，构成犯罪的，将被依法追究刑事责任。

为了维护市场秩序，保护权利人的合法权益，我社将依法查处和打击侵权盗版的单位和个人。欢迎社会各界人士积极举报侵权盗版行为，本社将奖励举报有功人员，并保证举报人的信息不被泄露。

举报电话：（010）88254396；（010）88258888
传　　真：（010）88254397
E-mail：　dbqq@phei.com.cn
通信地址：北京市万寿路 173 信箱
　　　　　电子工业出版社总编办公室
邮　　编：100036